“十二五”职业教育国家规划教材
21世纪高职高专会计类专业课程改革规划教材

政府单位会计单元实训手册

第二版

主　编◎李启明　李　迎
参　编◎童　莹　李君梅　刘金鹿

中国人民大学出版社
·北京·

编写说明

为了适应财经类专业“政府单位会计实务”课程实践教学的需要，我们根据《政府单位会计实务（第四版）》组织编写了《政府单位会计单元实训手册（第二版）》。

本书在编写过程中围绕政府单位会计基本核算业务，以主要会计科目和会计报表为基本单元，突出行政事业单位典型经济业务与事项日常核算的实训，力争通过单元实训使学生准确掌握主要会计科目的核算内容和核算范围，学会主要会计科目的使用方法和主要会计报表的编制方法，巩固课堂教学效果。

本书由陕西财经职业技术学院李启明、李迎主编，童莹、李君梅、刘金鹿参与编写。在编写过程中编者参考了有关资料和观点，在此向有关专家和学者表示感谢。由于编者水平有限，书中难免有不妥之处，敬请读者批评指正。

编　者

2018年6月

目　录

第一部分　资产业务实训

第二部分 负债业务实训

第三部分 收入（预算收入）业务实训

第七部分　报表编制实训

第一部分

资产业务实训

单元一
货币资金业务实训任务

实训任务一：库存现金

某事业单位 2019 年 1 月发生下列有关库存现金的增减业务，请根据有关凭证编制会计分录。

1. 10 日，开出现金支票从单位零余额账户代理银行提现 5 000 元备用。

预算

2. 12 日，将现金 2 000 元存入开户银行。

3. 12 日，以现金支付办公室李明因公出差预借差旅费 1 000 元。

4. 15 日，李明报销差旅费 800 元，以现金交回余款 200 元。

预算

5. 20 日，某单位以现金交来业务培训费 5 500 元（不需要上缴财政专户，直接确认为收入）。

预算

6.22 日，购买零星办公用品一批，以现金支付价款 2 000 元（不考虑增值税）。

预算

7.23 日，单位决定给帮扶对象捐赠 30 000 元，款项已以现金支付。

预算

8.25 日，与中北公司签订代管协议，收到其委托代理现金 50 000 元。

9.30 日，按照上述与中北公司的协议要求将 50 000 元支付给受托对象。

实训任务二：银行存款

某事业单位 2019 年 2 月发生下列有关银行存款业务，请根据有关凭证编制会计分录。

1.3 日，将现金 3 000 元存入开户银行。

2.5 日，开出现金支票从开户银行提取现金 2 000 元备用。

3.7 日，收到银行存款账户的活期利息 500 元。

预算

4.9 日，支付银行结算业务手续费 300 元。

预算

5.10 日，通过网银转账支付管理部门的办公用品费 1 500 元。

预算

6.20 日，通过网银转账收到某单位委托代管资金 6 000 元。

7.27 日，按照某单位委托通过银行给指定单位转账支付上述款项。

实训任务三：零余额账户用款额度

某事业单位 2019 年 12 月份发生以下有关授权支付业务，请根据有关凭证编制会计分录。
1.1 日，收到财政授权支付到账通知书，列明授权支付用款额度 50 000 元到账。

预算

2.5 日，通过零余额账户转账支付专用材料款 10 000 元。

预算

3.6 日，通过零余额账户转账支付本季度取暖费 7 000 元。

预算

4.8 日，从代理银行提现 3 000 元备用。

预算

5. 9 日，将多余现金 1 000 元退回代理银行。

预算

6. 31 日，应注销零余额账户用款额度 15 000 元（当年累计下达授权支付用款额度 100 000 元，零余额账户实际支出 85 000 元）。

预算

7. 承上，若到 2020 年 1 月 1 日，收到代理银行通知，恢复上年注销的授权支付用款额度 15 000 元。

预算

8. 31 日，应注销未到账授权支付预算指标 40 000 元（当年授权支付预算指标为 200 000 元，当年累计下达授权支付用款额度 160 000 元）。

预算

9. 承上，若到 2020 年 1 月 20 日，收到财政下达的上年未下达的用款额度 40 000 元。

预算

实训任务四：其他货币资金

某事业单位 2019 年 3 月份发生下列有关其他货币资金的增减业务，请根据有关凭证编制会计分录。

1. 1 日，通过银行转账汇往单位在深圳开设的采购专户 80 000 元。

2.6 日，单位在深圳开设的采购专户支付某种专用材料价款 58 000 元（不考虑增值税），材料尚未验收入库。

预算

3.20 日，收到银行通知，单位在深圳采购专户的余款 22 000 元退回。

单元二
应收及预付款项业务实训任务

实训任务一：财政应返还额度

某事业单位2019年年底及2020年年初发生下列有关财政应返还额度业务，请根据有关凭证编制会计分录。

1. 2019年12月31日，当年应注销的财政直接支付预算指标为40 000元（当年财政直接支付预算指标为500 000元，财政直接支付预算指标实际执行数为460 000元）。

预算

2. 承上，2020年2月1日，收到财政直接支付到账通知书，用上年结转的直接支付预算指标40 000元支付集中采购的某种专用材料款（不考虑增值税）。

预算

3. 2019年12月31日，当年应注销的零余额账户用款额度为30 000元（当年零余额账户累计下达数为150 000元，零余额账户实际支出累计数120 000元）。

预算

4. 承上，2020年1月1日，收到代理银行通知，恢复上述零余额账户用款额度30 000元。

预算

5. 2019 年 12 月 31 日，当年应注销的财政授权支付预算指标为 60 000 元（当年财政授权支付预算指标为 180 000 元，零余额账户累计下达授权支付用款额度 120 000 元）。

预算

6. 承上，2020 年 2 月 10 日，收到代理银行通知，用上年结转的授权支付预算指标下达用款额度 60 000 元。

预算

实训任务二：应收票据

某事业单位开展非独立核算经营活动，2019 年发生下列有关应收票据业务，请根据有关凭证编制会计分录。

1. 1 月 31 日，向 A 公司销售甲商品一批，价款 20 000 元，税款 3 200 元。收到 A 公司承兑的期限 3 个月、面值为 23 200 元的无息商业承兑汇票一张。

2. 承上，3 月 1 日持上述汇票向银行贴现（不附追索权），贴现率为 12%，通过网银收到贴现款 22 736 元。

票据到期日：

票据贴现期：

票据到期值：

贴现息：

贴现净额：

预算

3. 4 月 29 日，向 B 公司销售乙商品一批，价款 10 000 元，税款 1 600 元，收到 B 公司承兑的期限 3 个月、面值 11 600 元的无息商业承兑汇票一张。

4. 承上，5 月 30 日将上述汇票背书转让给 C 公司，用以支付从 C 公司购买的某种专用材料价款 15 000 元（不考虑增值税），另通过网银转账支付差额 3 400 元。

预算

5. 6 月 1 日，销售给大华公司甲商品一批，价款 25 000 元，税款 4 000 元，收到大华公司开出的期限 4 个月、面值 29 000 元的银行承兑汇票一张。

6. 承上，10 月 1 日上述银行承兑汇票到期，通过网银转账收到票款 29 000 元。

预算

7. 承上，若到 10 月 1 日上述银行承兑汇票到期，大华公司无力兑付票款。

实训任务三：应收账款

某事业单位开展非独立核算经营活动，2019 年 4 月和 5 月发生以下有关应收账款业务，请根据有关凭证编制会计分录。

1. 4 月 1 日，销售给大发公司乙商品一批，价款 18 000 元，税款 2 880 元，货款尚未收到（该货款留归单位不上缴财政）。

2. 4 月 10 日，大发公司通过网银转来上述货款 20 880 元。

预算

3. 4 月 11 日，销售给庆安公司乙商品一批，价款 30 000 元，税款 4 800 元，货款尚未收到（该货款应上缴财政）。

4. 4月28日，庆安公司通过网银转来上述货款34 800元。

5. 4月30日，因永安公司破产，所欠货款23 000元已逾期三年未予偿还。按规定程序报批后予以核销。

6. 5月25日，通过网银转账收到前已核销的平安公司所欠货款36 000元（按规定需上缴财政）。

实训任务四：预付账款

某事业单位开展非独立核算经营活动，2019年5月份发生下列有关预付账款业务，请根据有关凭证编制会计分录。

1. 1日，向星宇公司订购某种专用材料一批，价税合计116 000元，按合同约定预付30%货款，预付款通过网银转账支付。

预算

2. 承上，15日上述某种专用材料验收入库，价款100 000元，税款16 000元，余款81 200元通过网银转账补付。

预算

3. 18日，通过网银转账预付购买大秦公司某种专用材料款50 000元。

预算

4. 承上，25日上述大秦公司因故无法履行供货合同，经协商通过网银退回预付货款

50 000 元。

预算

5. 31 日，三年前支付给长庆公司的预付货款 36 000 元已确认无法收回。

实训任务五：其他应收款

某事业单位 2019 年发生以下其他应收款业务，请根据有关凭证编制会计分录。

1. 7 月 3 日，以现金支付办公室主任李强预借差旅费 2 000 元。

2. 7 月 10 日，李强报销差旅费 1 500 元，退回现金 500 元。

预算

3. 8 月 15 日，通过网银转账支付李云公务卡垫付的培训费 3 000 元。

4. 承上，8 月 30 日李云报销外出培训费 3 000 元。

预算

5. 9 月 11 日，按主管部门资金调剂约定，主管部门应拨付非财政资金 400 000 元。

6. 承上，9 月 14 日主管部门通过网银转账拨付上述补助款 400 000 元。

预算

7. 10 月 15 日，以现金支付办公室定额备用金 2 000 元。

8. 12 月 25 日，办公室报销零星办公用品 2 800 元，同时收回定额备用金。

预算

9. 12 月 25 日，按规定程序报经批准后将总务科王涛三年前借款 2 000 元予以核销。

10. 承上，若到 2020 年 1 月 10 日，上述已经核销的职工借款又全额收回。

预算

实训任务六：坏账准备

某事业单位 2019 年及 2020 年发生下列有关坏账准备计提与坏账核销业务，请根据有关凭证编制会计分录。

1. 2019 年 12 月 31 日，"应收账款" 账户借方余额为 100 000 元，"坏账准备" 账户贷方余额为 0 元，采用应收款项余额百分比法计提坏账准备，计提比列为 10%。

当年应计提的应收账款坏账准备额＝

2. 2020 年 2 月 10 日，应收 A 公司货款 6 000 元已逾期三年确实无法收回，按规定报经批准后予以核销。

3. 2020 年 11 月 21 日，通过网银转账收到之前已经核销的 B 公司货款 3 000 元（不上缴财政）。

预算

实训任务七：待摊费用

某事业单位2019年发生下列有关待摊费用业务，请根据有关凭证编制会计分录。

1.1月1日，通过网银转账支付某保险公司人身意外保险费4 500元。

预算

2.1月31日，本月应分摊上述已预付的保险费750元。

3.2月28日，本月应分摊上述已预付的保险费750元。

4.3月23日，经商定与上述某保险公司终止合作，预付的保险费因未来无法使得单位受益，故将其摊余成本一次性转入当期费用。

实训任务八：长期待摊费用

某事业单位2019年1月发生下列有关长期待摊费用业务，请根据有关凭证编制会计分录。

1.2日，对以经营租入的发电设备进行大修理，发生支出共计24 000元，修理间隔期为4年，款项通过银行转账付讫。

预算

2.31日，上述大修理费用按修理间隔期4年平均摊销。

本月摊销额 =

单元三
库存物资业务实训任务

某单位 2019 年 3 月份发生下列有关库存物品业务，请根据有关凭证编制会计分录。

1.1 日，购进某专用材料一批，价款 10 000 元，税款 1 600 元。通过银行转账支付供货单位货款 11 600 元，另以现金支付运杂费 400 元，发票账单已经收到，材料尚未入库。

预算

2.5 日，收到库管开出的材料验收入库单，上述某专用材料验收入库。

3.6 日，购进打印纸一批，价款 5 000 元，税款 800 元。货款通过零余额账户转账支付，发票账单已经收到，材料已验收入库。

预算

4.7 日，经批准用多媒体设备一套置换某单位的某种专用材料一批，多媒体设备估价为 20 000 元，账面余额 55 000 元，已提折旧 10 000 元。置换交接手续办理完毕，通过网银转账支付置换差价 11 000 元和运费 1 200 元。

预算

5.8 日，收到某单位无偿捐赠劳保用品一批，其成本确定为 15 000 元。通过银行转账支付相关税费 800 元。

预算

6.9 日，收到主管部门无偿调入的包装物一批，包装物成本确定为 13 000 元。通过银行转账支付相关税费 600 元。

预算

7.10 日，收到主管部门无偿调入的专用材料一批，因无相关凭据及同类或类似资产的市场价格，故以名义金额入账。专用材料交接手续办理完毕，通过网银转账支付运输费 1 000 元。

预算

8.11 日，经批准将库存的量具对外销售，量具的购进成本为 25 000 元，量具已经发出，通过银行转账收到量具销售款 30 000 元。同时，通过网银转账支付销售过程中的包装、运输等相关费用 800 元。

9.12 日，经批准委托 S 单位加工一批实验材料，从仓库领用甲、乙两种材料，根据材料发出汇总表，甲材料的发出成本为 10 000 元，乙材料的发出成本为 20 000 元。

10.15 日，以银行转账支付 S 单位的加工费 80 000 元。

预算

11.16 日，将价值 22 000 元的一批劳保用品调拨给某下属单位。通过银行转账支付运输费用 2 500 元。

预算

12. 17 日，将价值 18 000 元的一批文具捐赠给某小学。通过网银转账支付运输费等费用 600 元。

预算

13. 22 日，经商议用某种零配件一批置换某单位燃料一批，该批零配件估价为 17 000 元，账面余额 26 000 元。置换交接手续办理完毕，通过网银转账支付运费 1 000 元。

预算

14. 23 日，委托 S 单位加工的实验材料已经加工完成，验收入库，结转完工入库产品的成本 110 000 元。

15. 25 日，发出材料汇总表列明后勤处为自制专用器具领用甲材料 30 000 元。

16. 26 日，计算出本期应付自制专用器具人员工资 60 000 元。

17. 28 日，通过网银转账支付自制专用器具水电费 5 000 元。

预算

18. 30 日，自制专用器具完工验收入库，结转完工入库产品的成本 95 000 元。

19. 31 日，发出材料汇总表列明办公室领用办公用品 16 000 元。

20. 31 日，对库存物品进行清查盘点，发现甲材料部分毁损，价值 800 元。

单元四
投资业务实训任务

实训任务一：短期投资

某事业单位 2019 年发生下列有关短期投资业务，请根据有关凭证编制会计分录。

1.1 月 1 日，购买为期半年的某期国债，价款 500 000 元，票面利率为 3%，价款通过银行转账支付。

预算

2.2 月 1 日，收到银行通知，上述国债 1 月份利息 1 250 元到账。

预算

3.3 月 1 日，收到银行通知，上述国债 2 月份利息 1 250 元到账。

预算

4.3 月 20 日，将上述国债出售，价款 503 000 元，款项已通过银行转账收讫。

预算

实训任务二：长期股权投资

某事业单位 2019 年及 2020 年发生下列有关股权投资业务，请根据有关凭证编制会计分录。

（一）用货币资金对外投资

1. 2019 年 1 月 3 日，以货币资金对 B 公司进行投资，合同确定投资额为 1 000 000 元，其中包含已宣告但尚未发放的现金股利 10 000 元，款项已通过银行转账付讫（合同约定单位不参与公司的财务和经营决策，该投资采用成本法进行后续计量）。

预算

2. 承上，2019 年 1 月 10 日通过网银转账收到上述取得投资时已宣告但尚未发放的现金股利 10 000 元。

预算

3. 2019 年 12 月 1 日，B 公司宣告发放现金股利 20 000 元。

4. 2020 年 1 月 13 日，通过网银转账收到 B 公司现金股利 20 000 元。

预算

5. 2020 年 12 月 25 日，B 公司宣告发放现金股利 25 000 元。

6. 2020 年 12 月 28 日，经批准将所持有的 B 公司股权进行出售，售价 1 300 000 元，其中包括已宣告但尚未领取的现金股利 25 000 元。价款通过银行转账收讫，另通过银行转账支付相关税费 6 000 元。

预算

（二）用非货币资金置换投资

1. 2019 年 1 月 12 日，经批准用办公楼一栋置换 C 公司 15%的股权，办公楼估价为 20 000 000 元，账面余额 15 000 000 元，累计已提折旧 500 000 元。以网银转账支付办理该项业务的相关费用 30 000 元，置换交接手续办理完毕（合同约定单位不参与公司的财务和经营决策，该投资采用成本法进行后续计量）。

预算

2. 2019 年 12 月 2 日，C 公司宣告发放现金股利 60 000 元。

3. 2020 年 1 月 6 日，通过网银转账收到 C 公司现金股利 60 000 元。

预算

4. 2020 年 12 月 25 日，C 公司宣告发放现金股利 50 000 元。

5. 若到 2021 年 1 月 15 日，经批准将所持 C 公司股权出售，售价 22 000 000 元，其中包括已宣告但尚未领取的现金股利 50 000 元。价款通过银行转账收讫，另通过银行转账支付相关税费 10 000 元（按照规定投资净收入应上缴财政）。

预算

（三）无偿调入股权投资

1. 2019 年 1 月 15 日，收到主管部门无偿调入 D 公司 35%的股份，市场价值 6 510 000 元。通过银行转账支付相关税费 13 000 元（合同约定单位参与公司的财务和经营决策，该投资采用权益法进行后续计量）。

预算

2.2019 年 12 月 1 日，D 公司本年实现净利润 500 000 元，单位应确认的投资收益为 175 000 元（500 000×35%）。

3.2019 年 12 月 5 日，D 公司宣告发放现金股利 100 000 元，单位应确认的现金股利为 35 000 元（100 000×35%）。

4.2020 年 1 月 15 日，通过网银转账收到 D 公司派发的现金股利 35 000 元。

预算

5.2020 年 12 月 1 日，经批准出售所持有 D 公司一半的股权，售价 4 000 000 元。价款通过银行转账收讫，另通过银行转账支付相关税费 8 000 元（投资收益纳入单位预算管理）。

预算

6.2020 年 12 月 30 日，因出售所持有的 D 公司部分股权，单位无权参与 D 公司的财务和经营决策，故由权益法改为成本法。

实训任务三：长期债券投资

某事业单位发生下列有关债券投资业务，请根据有关凭证编制会计分录。

1.2019 年 1 月 1 日，购买到期还本付息的三年期国债，债券面值 200 000 元，票面利率 5%，共支付 210 000 元，其中含有已到付款期但尚未领取的债券利息 10 000 元。

预算

2.2019 年 1 月 15 日，收到取得投资所支付价款中已宣告但尚未领取的债券利息 10 000 元。

预算

3. 2019 年 12 月 31 日，计提上述债券当年利息。

利息＝

4. 2020 年 12 月 31 日，计提上述债券当年利息。

利息＝

5. 2021 年 12 月 31 日，计提上述债券当年利息。

利息＝

6. 2022 年 1 月 5 日，长期债券到期收回本息 130 000，款项已通过银行转账收讫。

预算

单元五
固定资产业务实训任务

实训任务一：固定资产

某事业单位2019年发生下列有关固定资产业务，请根据有关凭证编制会计分录。

1.1月2日，用财政基本支出拨款购入教学投影设备一套（通用设备），价税合计30 000元，运杂费700元。设备已验收交付使用，价款及运费通过银行转账支付。

预算

2.1月10日，用财政项目支出经费购入实验仪器设备一套（专用设备），价税合计800 000元，运杂费2 000元，安装调试费3 000元。该设备已调试完毕交付使用，价款及运费通过银行转账支付。

预算

3.1月15日，用财政项目支出经费采用融资租入方式购入某专用设备一台，合同约定租赁价款共计100 000元，租期5年。设备已交付使用，通过银行转账支付当年租金20 000元。

预算

4. 承上，若到 2020 年 1 月 15 日，通过银行转账支付上述融资租入专用设备租金20 000 元。

预算

5. 2 月 1 日，某单位捐赠打印机一台，价值 24 000 元。打印机已交付使用，通过网银转账支付运输费 1 000 元。

预算

6. 2 月 6 日，某单位捐赠自行研发的专用设备一台，因无相关凭据及同类或类似资产的市场价格，故以名义金额入账。设备已交付使用，通过网银转账支付运输费 1 000 元。

预算

7. 2 月 20 日，主管部门无偿调入办公桌椅一批，发票价款 60 000 元。桌椅已交付使用，通过银行转账支付运输费 3 000 元。

预算

8. 3 月 12 日，用某专用材料一批置换某单位办公设备一套，专用材料估价为 20 000 元，账面余额 40 000 元。置换交接手续办理完毕，通过银行转账支付运费 500 元和置换差价 800 元。

预算

9. 4 月 21 日，通过银行转账支付办公桌椅修理费 8 500 元。

预算

10. 4 月 30 日，计算出本月应计提的固定资产折旧额为 7 420 元。

11. 5 月 2 日，经批准决定将一台专用实验设备出售，其账面余额 80 000 元，累计已计提折旧 35 000 元。

12. 5 月 12 日，通过银行转账收到出售上述专用设备的价款 10 000 元，以网银转账支付出售过程中的搬运费 600 元。

13. 6 月 15 日，将一批桌椅无偿捐赠给对口援建小学，该批桌椅账面余额 30 000 元，累计已计提折旧 10 000 元，以银行转账支付运输费 1 200 元。

预算

14. 7 月 16 日，经批准无偿调拨给所属单位办公用计算机三台，账面余额为 15 000 元，累计已计提折旧 5 000 元。

15. 7 月 28 日，上述办公用计算机调拨手续办理完毕，并通过网银转账支付运输费 300 元。

预算

16. 12 月 5 日，资产清查时盘盈办公桌椅一套，估价 2 500 元。

17. 12 月 25 日，财产清查报告列明，已经毁损的音响设备账面余额为 60 000 元，累计已计提折旧 50 000 元。

实训任务二：在建工程

某事业单位 2019 年发生下列有关在建工程业务，请根据有关凭证编制会计分录。

1. 1 月 5 日，用财政项目经费自行装修多功能会议室一间，购买装修材料一批，通过银行转账支付材料款，价税合计 200 000 元。

预算

2. 1 月 20 日，为建造上述会议室，领用装修材料 180 000 元。

3. 6 月 29 日，计算出应付上述多功能会议室装修工人工资 100 000 元。

4. 6 月 30 日，将上述为装修多功能会议室剩余的装修材料 20 000 元转为存货。

5. 7 月 1 日，上述多功能会议室装修完工，经验收合格交付使用，按规定结转装修成本。

6. 7 月 3 日，用财政项目经费改造办公楼，办公楼的账面余额 10 000 000 元，已计提累计折旧 9 000 000 元，将其转入改建投资。

7. 7 月 10 日，上述办公楼改造时拆除原室内地板，其残值估价 8 000 元。

8. 7 月 30 日，通过网银转账支付上述办公楼改造的配套设施款 2 346 000 元。

预算

9. 8 月 1 日，通过网银转账支付上述办公楼改造材料费 1 535 000 元。

预算

10. 8 月 8 日，上述办公楼的改建工程已经完工交付使用，结转成本。

11. 8 月 10 日，用财政项目经费新建水处理车间，依据合同约定按工程造价（工程概算 5 000 000 元）的 10%预付工程款 500 000 元，款项通过银行转账支付。

预算

12. 11 月 10 日，上述工程完工。依据合同约定应按工程概算的 90%结算工程款。以银行转账支付工程结算款 4 500 000 元。

预算

13. 11 月 15 日，上述工程竣工验收并交付使用。

14. 11 月 16 日，用财政项目经费购入投影设备一套，价税合计 23 200 元，质保期为一个月，质保金 2 000 元。开具发票金额 21 200 元，通过银行转账支付 21 200 元。

预算

15. 11 月 17 日，通过银行转账支付上述投影设备的安装费 4 000 元。

预算

16. 11 月 18 日，上述投影设备安装完工并交付使用，结转其成本。

17. 12 月 17 日，上述投影设备质保金期满，通过网银转账支付质保金 2 000 元。

预算

18. 12 月 20 日，当年在建工程发生建设单位管理费、可行性研究费、临时设施费、公证费、监理费等费用共计 68 000 元，通过银行转账进行支付。

预算

单元六
无形资产业务实训任务

某事业单位2019年发生下列有关无形资产业务，请根据有关凭证编制会计分录。

1.3月28日，自行研究开发一非专利技术，在研究阶段所发生的费用有应付研究人员工资40 000元，使用专用材料16 000元，其他相关费用30 000元（已通过银行转账支付）。

预算

2.3月30日，结转上述自行研究开发的非专利技术的研究支出86 000元。

3.4月20日，自行研究开发上述非专利技术，在开发阶段所发生的费用有应付研究人员工资55 000元，使用专用材料10 000元，其他相关费用58 000元（已通过银行转账支付）。

预算

4.4月30日，上述自行研究开发的非专利技术已达到预定用途，形成无形资产。

5.5月2日，用财政项目经费支付征地款10 000 000元，款项通过银行转账支付。

预算

6. 5 月 3 日，委托某软件公司开发办公软件，开发费用共计 150 000 元，按照合同约定预付软件公司开发费 50 000 元，通过网银转账进行支付。

预算

7. 6 月 2 日，上述委托开发的办公软件交付使用，通过银行转账支付余款 100 000 元。

预算

8. 6 月 20 日，将一台专用设备与某单位的一项专利权置换，该专用设备估价值 50 000 元，账面余额为 80 000 元，已计提累计折旧 20 000 元。通过银行转账支付公证费等相关费用 2 000 元。

预算

9. 6 月 22 日，接受胜利公司无偿捐赠财务软件一款，软件当时购买价款为 60 000 元。通过银行转账支付相关税费 1 300 元。

预算

10. 6 月 27 日，接受前进公司无偿捐赠一项非专利技术，因没有相关凭据，同类或类似资产的市场价格也无法可靠取得，故以名义金额进行入账。通过银行转账支付相关税费 1 000 元。

预算

11. 6 月 29 日，主管部门无偿划拨土地 10 亩，其市场转让价为 6 000 000 元。通过银行转账支付相关税费 10 000 元。

预算

12. 7月1日，工资软件的账面余额为100 000元，使用期限为10年，已提摊销40 000元。为增加其使用寿命，决定升级改造。

13. 7月5日，通过银行转账支付上述软件升级改造费20 000元。

预算

14. 7月6日，上述软件升级完成交付使用，按规定结转升级改造成本。

15. 7月10日，通过银行转账支付办公软件漏洞修补、技术维护费12 000元。

预算

16. 7月25日，计算出单位拥有的某专利权本月应计提的摊销额为1 000元。

17. 7月26日，经批准决定将某非专利技术出售，其账面余额为80 000元，累计已计提摊销50 000元。

18. 7月29日，以现金支付出售上述非专利技术的相关税费1 000元，通过银行转账收到出售价款25 000元（应上缴财政）。

19. 8月10日，将闲置的一片土地捐赠给某小学，该片土地账面余额为5 000 000元，累计已计提摊销1 000 000元，通过银行转账支付公证费10 000元。

预算

20.8 月 20 日，经批准向所属某单位无偿调出办公软件一套，账面余额为 25 000 元，累计已计提摊销 5 000 元。

21.8 月 25 日，上述办公软件已交付所属某单位使用，通过银行转账支付漏洞修补费 500 元。

预算

单元七
公共基础设施业务实训任务

某事业单位 2019 年发生下列有关公共基础设施的业务，请根据有关凭证编制会计分录。

1. 1 月 5 日，经批准用财政项目经费自行建造一供热系统，通过网银转账支付供热系统建造工程物资价款 8 550 000 元。

预算

2. 2 月 3 日，供热系统建造工程领用工程物资 8 000 000 元。

3. 2 月 15 日，为建造上述供热系统以银行转账支付建造费、设计费等相关费用共计 53 000 000 元。

预算

4. 2 月 25 日，上述供热系统建造工程完工，按规定将剩余工程物资转为库存物品。

5. 2 月 28 日，自行建造供热系统建造完工交付使用，结转建造期间累计归集的建造成本共计 61 000 000 元。

6. 3 月 8 日，主管部门无偿调入室外公共健身器材一套，发票价款 500 000 元。器材已交付使用，通过银行转账支付运输费 5 500 元。

预算

7.3月10日，主管部门无偿调入新型污水处理系统一套，已交付使用，通过银行转账支付运输费8 000元。因无相关凭据，成本无法确认，先在备查簿中暂时登记，待成本确定后再入账。

预算

8.3月21日，接受大华公司无偿捐赠小型供电设备一套，供电设备价款1 560 000元。设备已交付使用，通过银行转账支付运输费20 000元。

预算

9.4月5日，购买市政路灯一批，通过银行转账支付价款600 000元。

预算

10.4月6日，经批准用财政项目经费对垃圾处理系统进行大修理，垃圾处理系统的账面余额5 000 000元，已计提累计折旧1 000 000元，将其转入扩建投资。

11.4月10日，通过网银转账支付上述垃圾处理系统大修理费用1 200 000元。

预算

12.4月28日，上述垃圾处理系统的大修理已经完工交付使用，结转成本。

13.4月29日，通过银行转账支付公路养护费200 000元。

预算

14.4 月 30 日，计算出当月应计提公共基础设施的折旧费 300 000 元。

15.5 月 2 日，将一批路灯无偿捐赠给对口扶贫村，该批路灯账面余额 150 000 元，累计已提折旧 20 000 元，通过银行转账支付运杂费 6 000 元。

预算

16.5 月 20 日，经批准向所属某单位无偿调出供热设备一套，其账面余额 5 000 000 元，累计已提折旧 100 000 元。

17.5 月 26 日，上述供热设备已交付所属某单位使用，通过银行转账支付运输费 10 000 元。

预算

18.12 月 5 日，年底清查时发现一污水处理系统由于技术处理不当报废，账面余额为 300 000 元，累计已计提折旧 250 000 元。

单元八 政府储备物资业务实训任务

某事业单位2019年发生下列有关政府储备物资业务，请根据有关凭证编制会计分录。

1. 1月2日，购入战略及能源物资一批，价税合计3 000 000元，运杂费60 000元，通过零余额账户转账支付价款及运杂费。

预算

2. 1月5日，接受某单位无偿捐赠农产品一批，价税合计40 000元。通过网银支付运输费1 500元。

预算

3. 2月20日，主管部门无偿调入抢险抗灾救灾物资一批，标明价值900 000元，已交付并存储，以银行转账支付运输费5 000元。

预算

4. 3月8日，发生自然灾害，紧急发出储备的抢险抗灾救灾物资一批，账面余额为905 000元。

5. 4月15日，因突发重大医疗事故发出储备的急救药品一批，账面价值为1 000 000元。

6. 5 月 30 日，上述发出的急救药品部分未使用，未使用的急救药品 200 000 元予以收回，已使用的急救药品为 800 000 元。

7. 6 月 7 日，经上级部门批准，准备将储备的一批农产品进行出售，该农产品的账面余额为 600 000 元（销售收入扣除税费后应上缴财政）。

8. 6 月 10 日，出售上述农产品，出售价款为 750 000 元，已通过银行转账收讫，并通过网银转账支付相关税费 6 000 元。

9. 7 月 16 日，经主管部门批准，决定将储备的某急救医药物资出售，其账面余额 4 300 000 元（该项销售收入纳入单位预算管理）。

10. 7 月 25 日，出售上述医药物资，售价为 4 900 000 元。药品已发出，款项通过网银转账收讫。同时通过网银转账支付相关税费 10 000 元。

预算

11. 8 月 5 日，经主管部门批准决定将储备的某种战略及能源物资调拨给某所属单位，其账面余额为 1 200 000 元。

12. 12 月 6 日，财产清查表列明盘盈储备农产品一批，估价 6 000 元。

13. 12 月 7 日，财产清查表列明储备的某种急救药品毁损一瓶，价值 2 000 元。

单元九 文物文化资产业务实训任务

某事业单位2019年发生下列有关文物文化资产的业务，请根据有关凭证编制会计分录。

1. 1月10日，外购研究用历史文物，价税合计600 000元，运费5 000元，款项已通过银行转账支付。

预算

2. 1月19日，主管部门无偿调入石狮一对，市场估价1 000 000元，通过银行转账支付运费2 000元。

预算

3. 2月6日，主管部门无偿调入艺术品一件，通过银行转账支付运费3 000元。因无相关票据及同类资产，成本无法可靠取得，故在备查簿中进行登记，待成本确定后再进行入账。

预算

4. 3月2日，大华公司捐赠历史文物一件，市场估价80 000元，通过银行转账支付公证费1 000元。

预算

5. 3 月 29 日，永平公司捐赠历史典籍 100 部，通过网银转账支付运输费 1 000 元。因无相关票据及同类资产，成本无法可靠取得，故在备查簿中进行登记，待成本确定后再进行入账。

预算

6. 4 月 3 日，将一对石雕无偿捐赠给某学校，该石雕账面余额 200 000 元，通过银行转账支付运输费 2 000 元。

预算

7. 5 月 16 日，经批准将单位一传统文化艺术品无偿调给某所属单位，该艺术品账面余额 700 000 元。

8. 5 月 20 日，上述艺术品调出，与某附属单位资产交接手续已办理完毕，通过银行转账支付运输费 1 600 元。

预算

9. 12 月 1 日，财产清查表列明盘盈艺术展品一幅，其市场价值为 10 000 元。

10. 12 月 2 日，财产清查表列明毁损文物一件，其账面余额 20 000 元。

单元十 保障性住房业务实训任务

某事业单位2019年及2020年发生下列有关保障性住房业务，请根据有关凭证编制会计分录。

1.2019年1月2日，用财政项目经费自行建造经济适用房，通过网银转账支付经济适用房建造工程物资价款20 000 000元。

预算

2.2019年2月5日，上述经济适用房建造工程领用工程物资19 000 000元。

3.2019年4月30日，通过银行转账支付建造经济适用房相关费用共计45 000 000元。

预算

4.2020年5月25日，上述经济适用房建造工程完工，按规定将剩余工程物资转为库存物品。

5.2020年5月28日，自行建造的经济适用房建造竣工结算交付使用，结转建造期间累计归集的建造成本共计64 000 000元。

6.2020年5月29日，收到财政直接支付到账通知书，用政府性基金预算财政拨款购买廉租房100套，每套均价200 000元，共计20 000 000元。

预算

7. 2020 年 6 月 5 日，接受主管部门无偿调入政策性租赁房 20 套，每套均价 250 000 元，共计 5 000 000 元。另外，通过银行转账支付相关税费 150 000 元。

预算

8. 2020 年 6 月 30 日，计算出上半年廉租房应收租金共计 300 000 元。

9. 2020 年 7 月 30 日，计算出当月各类保障性住房应计提折旧为 628 000 元。

10. 2020 年 8 月 10 日，按规定出售经济适用房 15 套，账面均价 280 000 元，共计 4 200 000 元，累计已提折旧 1 200 000 元。

11. 2020 年 8 月 20 日，通过银行转账收到上述出售经济适用房价款 3 800 000 元，同时通过银行转账支付出售经济适用房应承担的相关税费 210 000 元。

12. 2020 年 9 月 11 日，按规定无偿调出廉租房 10 套，账面均价 200 000 元，共计 2 000 000 元，累计已提折旧 800 000 元。

13. 2020 年 9 月 22 日，通过银行转账支付上述无偿调出廉租房相关税费 110 000 元。

预算

14. 2020 年 12 月 5 日，资产清查表列明盘盈廉租房 1 套，账面价值 220 000 元。

15. 2020 年 12 月 6 日，资产清查表列明盘亏政策性租赁房 1 套，账面余额 250 000 元，累计已提折旧 100 000 元。

单元十一 资产处置业务实训任务

实训任务一：库存现金盘点业务

某事业单位2019年发生下列有关库存现金盘点业务，请根据有关凭证编制会计分录。

1.1月30日，现金盘点报告单列明现金溢余300元。

预算

2.2月3日，经核查，上述溢余的300元是属于职工王斌尚未领取的考勤奖金。

3.2月5日，出纳将上述300元以现金形式支付给职工王斌。

预算

4.3月25日，现金盘点报告单列明现金溢余200元。

预算

5.3月28日，上述溢余经核查无法查明原因，转入待处理财产损溢。

6. 5 月 30 日，现金盘点报告单列明现金短缺 500 元。

预算

7. 6 月 3 日，经核查，短缺的 500 元是由于出纳刘梅丢失引起的。

8. 6 月 10 日，刘梅赔偿现金 500 元。

预算

9. 11 月 25 日，现金盘点报告单列明现金短缺 320 元。

预算

10. 12 月 31 日，经核查，短缺的 320 元实在无法查明原因，报经批准核销。

实训任务二：库存物资盘点

某事业单位 2019 年发生下列有关库存物资盘点业务，请根据有关凭证编制会计分录。

1. 10 月 10 日，库存物资盘点表列明甲材料盘盈 1 000 元。

2. 10 月 30 日，经查实上述盘盈甲材料属于计量误差所致，报经批准后冲销单位管理费用。

3. 11 月 15 日，库存物资盘点表列明乙材料盘亏 19 000 元。

4. 11 月 18 日，经查实上述盘亏的乙材料属于自然灾害造成，报经批准后核销。

5.11 月 20 日，上述盘亏乙材料保险公司可赔偿 9 000 元。

6.11 月 25 日，按规定将上述保险公司应承担的 9 000 元赔偿款转入应缴财政款。

7.11 月 28 日，库存物资盘点表列明丙材料毁损 2 000 元。

8.12 月 15 日，经查实上述毁损的丙材料属于自然灾害造成，报经批准后核销。

9.12 月 18 日，上述盘亏丙材料保险公司可赔偿 300 元。

10.12 月 26 日，以现金收到上述丙材料的变价收入 100 元。

11.12 月 28 日，通过网银支付丙材料清理费用 550 元。

12.12 月 31 日，转列上述丙材料清理报废净支出 150 元。

预算

实训任务三：固定资产盘点

某事业单位 2019 年发生下列有关固定资产盘点业务，请根据有关凭证编制会计分录。

1.10 月 10 日，财产清查表列明盘盈专用设备一台，设备的重置成本为 40 000 元。

2.10 月 25 日，按规定报经批准将上述盘盈设备列“以前年度盈余调整”。

3.10 月 26 日，财产清查表列明盘盈多媒体设备一台，价值 12 000 元。

4. 10 月 30 日，经查上述盘盈多媒体设备属上月以项目经费购置，补记入账。

预算

5. 11 月 1 日，财产清查表列明毁损某专用设备一台，原价为 150 000 元，已计提折旧 130 000 元。

6. 11 月 5 日，上述专用设备经主管部门和财政部门批准同意予以报废。

7. 11 月 10 日，通过银行转账支付上述专用设备清理费 2 000 元。

8. 11 月 13 日，通过银行转账收到上述专用设备变价收入 3 000 元。

9. 11 月 15 日，将上述专用设备清理报废的净收入转列应缴财政款。

10. 11 月 28 日，财产清查表列明损毁家具一套，该家具账面余额 16 000 元，累计已计提折旧 13 800 元。

11. 12 月 5 日，上述家具经主管部门和财政部门批准同意予以报废。

12. 12 月 10 日，通过银行转账支付上述报废家具的清理费 1 000 元。

13. 12 月 13 日，通过现金收到上述家具变价收入 600 元。

14. 12 月 31 日，转列上述家具清理报废净支出 400 元。

预算

单元十二
受托代理业务实训任务

某事业单位2019年发生下列有关受托代理业务，请根据有关凭证编制会计分录。

1. 1月2日，接受某单位委托，将某种专用材料一批转赠给某研究院，该批材料价税合计45 000元，材料已交付并验收入库。

2. 1月18日，根据受托协议约定单位承担上述专用材料的运费，通过网银转账支付运输费1 200元。

预算

3. 1月27日，将上述受托转赠的专用材料实际交付给某研究院。

4. 2月10日，受中北公司委托将代管的某种工程物资转交其指定受赠单位，该批物资价税合计50 000元。

5. 承上，若2月10日中北公司收回对上述代管的某种工程物资的转赠要求，且不再收回该工程物资。

6. 3月5日，接受大华公司委托为其储存保管包装材料一批，其价税合计32 000元。

7. 3月6日，根据受托协议约定单位承担上述包装材料的运费，通过网银转账支付运输费1 000元。

预算

8.5 月 5 日，上述受托储存保管的包装材料到期，交付包装材料。

9.6 月 30 日，行政执法过程中依法没收某种材料一批，其市场价值 21 000 元。

10.7 月 15 日，经批准上述罚没材料交中介公司变价处理。

11.8 月 22 日，上述罚没材料变价处理后所得价款共计 10 321 元，款项通过银行转账收讫（应上缴财政）。

第二部分

负债业务实训

单元一
借入款项业务实训任务

实训任务一：短期借款

某事业单位 2019 年发生下列有关短期借款业务，请根据有关凭证编制会计分录。

1.3 月 1 日，从建设银行借入 120 000 元，合同约定借款期限 6 个月、年利率 4%、按月付息。款项已转入单位银行账户。

预算

2.3 月 30 日，计算上述借款当月利息。

当月利息＝

3.3 月 31 日，通过银行转账支付上述借款当月利息。

预算

4.9 月 30 日，通过银行转账偿还上述借款本金 120 000 元。

预算

实训任务二：长期借款

某事业单位2019年及2020年发生下列有关长期借款业务，请根据有关凭证编制会计分录。

1. 2019年1月1日，为改造办公楼（工期1年半）从建设银行借入500 000元，借款合同约定期限2年、年利率4.5%，每年年末计算并支付当年利息，到期一次还本。款项已转入单位银行账户。

预算

2. 2019年12月31日，计算并支付当年利息。

当年利息＝

预算

3. 2020年12月31日，计算并支付上述借款当年利息。

预算

4. 2020年12月31日，偿还上述借款本金。

预算

单元二
应付及预收款项业务实训任务

实训任务一：应付职工薪酬

某事业单位 2019 年发生下列有关职工薪酬的业务，请根据有关凭证编写会计分录。

1.2 月 10 日，按照人事部门提供的各部门各类人员工资及津贴补贴资料计提上月工资薪酬如下。

类别		金额（元）	类别		金额（元）
专业及辅助活动人员（40 人）	基本工资	240 000	行政及后勤部门人员（25 人）	基本工资	75 000
	津贴补贴	80 000		津贴补贴	25 000
	绩效工资	72 000		绩效工资	7 500
合计		392 000	合计		107 500
类别		金额（元）	类别		金额（元）
非独立核算经营业务人员（20 人）	基本工资	120 000	参与办公楼建设人员（15 人）	基本工资	75 000
	津贴补贴	40 000		津贴补贴	22 500
	绩效工资	36 000		绩效工资	22 500
合计		196 000	合计		120 000

2.2 月 10 日，按照有关规定计算上月应代扣的养老保险、住房公积金和个人所得税如下。

类别		金额（元）	类别		金额（元）
专业及辅助活动人员（40 人）	社会保险费	40 400	行政及后勤部门人员（25 人）	社会保险费	11 075
	住房公积金	19 600		住房公积金	5 375
	个人所得税	16 200		个人所得税	125
合计		76 200	合计		16 575

续前表

类别		金额（元）	类别		金额（元）
非独立核算经营业务人员（20人）	社会保险费	20 200	参与办公楼建设人员（15人）	社会保险费	12 360
	住房公积金	9 800		住房公积金	6 000
	个人所得税	8 100		个人所得税	3 345
合计		38 100	合计		21 705

3.2月11日，按规定应给已与单位解除劳务合同技术人员补偿12 000元。

4.2月12日，扣回为专业技术人员垫付的水电费和房租共计3 500元。

5.2月15日，收到零余额账户代理银行盖章转回的工资发放明细表及财政授权支付到账通知书，发放上月工资。

实发基本工资＝

实发津贴补贴＝

实发绩效工资＝

预算

6.2月15日，通过银行转账支付职工负担的社会保险费84 035元，住房公积金40 775元。

预算

7.2月20日，通过银行转账支付为在职员工购买的补充商业保险共计300 000元，其中：从事非独立核算经营活动人员60 000元，其余在职人员240 000元。

预算

实训任务二：应付票据

某事业单位（增值税一般纳税人）2019 年发生下列有关应付票据业务，请根据有关凭证编制会计分录。

1. 2 月 1 日，从长城公司购进生产经营活动所需甲材料一批，价款 30 000 元，税款 4 800 元。开出面值为 34 800 元不计息的商业承兑汇票抵付货款，材料已验收入库。

2. 若到 7 月 31 日，上述商业承兑汇票到期，无力偿付票款。

3. 6 月 5 日，开出面值为 20 000 元的银行承兑汇票，支付前欠白塔公司材料款 20 000 元，并通过银行转账支付 1‰的手续费 20 元。

预算

4. 承上，9 月 5 日，支付上述银行承兑汇票票款 20 000 元。

预算

5. 7 月 10 日，半年前因购买专用材料开出的工商银行承兑汇票 100 000 元，现无力承兑转为短期借款。

预算

实训任务三：应付账款

某事业单位（增值税一般纳税人）2019 年发生下列有关应付账款业务，请根据有关凭证编制会计分录。

1. 2 月 2 日，为开展生产经营活动从大庆公司购入不需要安装的某种专用设备一台，价款 100 000 元，税款 16 000 元。该设备已投入使用，但款项尚未支付。

2. 承上，3 月 10 日，收到财政直接支付到账通知书支付上述某专用设备款 116 000 元。

预算

实训任务四：应付政府补贴款

某行政单位 2019 年发生下列有关应付政府补贴款业务，请根据有关凭证编制会计分录。

1. 3 月 1 日，按规定应向对口帮扶县农机站补贴农业专项资金 90 000 元。

2. 承上，3 月 5 日，通过零余额账户支付上述专项资金 90 000 元。

预算

实训任务五：预收账款

某事业单位（增值税一般纳税人）2019 年发生下列有关预收账款业务，请根据有关凭证编制会计分录。

1. 4 月 2 日，通过网银转账收到宏光公司预付劳务合同定金 30 000 元（与宏光公司签订劳务供应合同，约定期限两个月、价款 100 000 元）。

预算

2. 承上，6 月 2 日上述劳务合同履约完毕，通过银行转账收到宏光公司合同余款 70 000 元，税款 16 000 元，价税合计 86 000 元。

预算

实训任务六：其他应付款

某事业单位 2019 年发生下列有关其他应付款业务，请根据有关凭证编制会计分录。

1. 5 月 4 日，向长江公司出租某专用设备一台，合同约定租赁期为 3 个月、租金 50 000 元，租赁期满后一次付清。通过网银转账收到押金 10 000 元。

2. 承上，8 月 4 日，租赁期满，因设备受损按合同约定扣收押金 6 000 元，通过网银转账退回余款 4 000 元。

预算

3. 5 月 10 日，通过网银转账收到财政部门预拨款 200 000 元。

4. 承上，6 月 2 日，将上述预拨款转为本月财政基本支出预算拨款。

预算

5. 6 月 15 日，从泰山公司租入某专用设备一台，合同约定租期 1 个月，租金 7 000 元，租金期满后一次付清。

6. 承上，7 月 15 日通过网银转账支付租入泰山公司专用设备租金 7 000 元。

预算

7. 6 月 20 日，按规定程序报经批准将应付原单位职工因李明差旅费垫款 5 000 元转列收入。

实训任务七：预提费用

某事业单位2019年发生下列有关预提费用业务，请根据有关凭证编制会计分录。

1.1月20日，按照2018年科研收入（2018年科研收入500 000元）的10%计提2019年度科研项目管理费。

预算

2. 承上，6月25日通过网银转账给项目管理团队支付科研项目管理费2 000元。

预算

3.7月3日，后勤部门租用仓库一间，合同约定租赁期2年，月租金3 500元，每半年支付一次租金。

4. 承上，12月30日通过网银转账支付本年租金21 000元。

预算

实训任务八：长期应付款

某事业单位（增值税一般纳税人）2019年发生下列有关长期应付款业务，请根据有关凭证编制会计分录。

1.7月22日，为开展生产经营活动以分期付款的方式购进商务用车一辆，价款550 000元，税款88 000元。合同约定价款分5年付清，每年支付110 000元。税款88 000元已通过零余额账户转账支付，该车辆已交付使用。

2. 承上，12月25日，收到财政直接支付到账通知书，支付上述购进商务用车当年应付价款110 000元。

预算

3. 承上，若到 2023 年 12 月 25 日，经获准豁免支付本年应付购车价款 110 000 元。

实训任务九：预计负债

某事业单位（增值税一般纳税人）2019 年发生下列有关预计负债业务，请根据有关凭证编制会计分录。

1. 8 月 2 日，与华山公司签订的技术咨询合同，按照合同约定单位若不能按期履行合同应按合同金额的 10%支付违约金 20 000 元（合同金额 200 000 元）。

2. 承上，10 月 30 日上述合同到期，单位无力履行合同义务，经协商应支付合同违约金 15 000 元。违约金通过网银转账支付。

预算

单元三
应缴款项业务实训任务

实训任务一：应交增值税（增值税一般纳税人）

某事业单位（增值税一般纳税人）2019 年发生下列有关应交增值税业务，请根据有关凭证编制会计分录。

1.9 月 1 日，为开展生产经营活动购入大巴车一辆，价款 200 000 元，税款 32 000 元。大巴车已交付使用，款项通过网银转账支付。

预算

2.10 月 5 日，为开展生产经营活动购入仓库一间，价款 600 000 元，税款 96 000 元。仓库已交付使用，款项已通过银行转账支付。该增值税专用发票已认证通过（一般纳税人取得并按照固定资产核算的不动产或不动产在建工程，其进项税额自取得之日起分 2 次从销项税额中抵扣，取得当期抵扣比例为 60%，取得后自本月起第 13 个月抵扣比例为 40%）。

当期可抵扣进项税额＝

第 13 个月可抵扣进项税额＝

预算

3. 承上，若到 2020 年 10 月 25 日，抵扣剩余进项税额 38 400 元。

4.10 月 20 日，因火灾造成某专用材料一批毁损，其价款 200 000 元、税款 32 000

元。报经批准转入“待处理财产损溢”。

5. 10 月 22 日，因经营活动需要将原礼堂改建为实训中心，礼堂账面价值 2 000 000 元，已提折旧 260 000 元。

可以抵扣的进项税额＝

6. 10 月 24 日，将之前购入用来开展生产经营活动的电脑耗材用于开展职工文化活动，该批耗材价款 50 000 元，税款 8 000 元。

7. 11 月 3 日，向渤海公司提供技术咨询服务，服务费 300 000 元，税额 18 000 元。通过银行转账收到渤海公司上述款项。

预算

8. 11 月 15 日，处置所持天山公司债券，所持天山公司债券持有期间共取得投资收益 53 000 元，现决定将其按程序处置，处置债券适用的增值税税率为 6%，处置应交税款已通过银行转账支付。

应交增值税＝

预算

9. 12 月 15 日，将持有的草原公司的股票进行处置，持有期间共亏损 21 200 元，适用的增值税税率为 6%，下月可抵扣税额。

下月可抵扣应交增值税＝

10. 11 月 20 日，计算出本月转出未交增值税额为 300 000 元（本月销项税额为 800 000 元，已认证的进项税额为 500 000 元）。

11. 承上，12 月 3 日，通过银行转账缴纳上月应交增值税 300 000 元。

预算

12. 11 月 20 日，计算出本月转出多交增值税额为 200 000 元（本月销项税额 800 000 元，已认证的进项税额 500 000 元，已交税额 100 000 元）。

13. 11 月 25 日，通过银行转账补交 10 月份未缴纳增值税 120 000 元。

预算

实训任务二：应交增值税（增值税小规模纳税人）

某事业单位（增值税小规模纳税人）2019 年发生下列有关应交增值税业务，请根据有关凭证编制会计分录。

1. 2 月 1 日，为开展生产经营活动购入乙材料一批，价款 30 000 元，税款 4 800 元。材料已验收入库，款项通过网银转账支付。

预算

2. 3 月 3 日，通过网银转账收到大海公司服务费 11 330 元。

应交增值税＝

预算

3. 4 月 5 日，处置持有的仁天公司债券。持有期间共获利 25 750 元，适用的增值税税率为 3%，税款通过银行转账缴纳。

应交增值税＝

预算

4.4 月 9 日，处置持有的天和公司债券。持有期间共亏损 15 450 元，适用的增值税税率为 3%，下月可抵扣税额。

下月可抵扣应交增值税＝

5.5 月 20 日，通过银行转账缴纳上月增值税 30 500 元。

预算

实训任务三：其他应交税费

某事业单位（增值税一般纳税人）2019 年发生下列有关其他应交税费的业务，请根据有关凭证编制会计分录。

1.12 月 29 日，计提当月应缴城市建设税 10 500 元，应缴教育费附加 4 500 元；当年应缴所得税 250 000 元。

2. 承上，12 月 31 日，通过网银转账缴纳上述应缴税款。

预算

第三部分

收入（预算收入）业务实训

单元一
财政拨款（预算）收入业务实训任务

某事业单位 2019 年 12 月份发生下列有关财政拨款（预算）收入业务，请根据有关凭证编制会计分录。

1. 5 日，收到财政零余额账户代理银行转来的财政直接支付入账通知书及相关凭证，支付单位日常业务培训费用 75 000 元。

预算

2. 6 日，收到财政零余额账户代理银行转来的财政直接支付入账通知书及相关凭证，支付单位购买办公用品支出 8 000 元。

预算

3. 9 日，收到代理银行盖章转回的财政授权支付到账通知书，本月授权支付用款额度为 200 000 元。

预算

4. 29 日，收到政府集中采购代理银行转来的财政直接支付入账通知书，退回去年购进材料货款 3 000 元（属于财政拨款结余资金）。

预算

5. 31 日，当年财政直接支付预算指标为 800 000 元，当年实际执行数为 790 000 元，当年应注销的财政直接支付预算指标为 10 000 元。

预算

6. 31 日，当年财政授权支付预算指标为 430 000 元，当年零余额账户累计下达用款额度为 400 000 元，当年应注销的财政授权支付预算指标为 30 000 元。

预算

单元二
事业（预算）收入业务实训任务

某事业单位 2019 年 12 月份发生下列有关事业（预算）收入的业务，请根据有关凭证编制会计分录。

1. 25 日，根据合同约定，应收某单位事业性收费 34 000 元。

2. 27 日，收到上述某单位通过银行转账交来上述事业性收费 34 000 元。

预算

3. 5 日，通过银行转账收到某单位交来应上缴财政专户的业务活动费 11 600 元。

4. 9 日，开出转账支票将上述业务活动收费上缴财政专户。

5. 10 日，收到银行到账通知书，财政专户返还 10 000 元。

预算

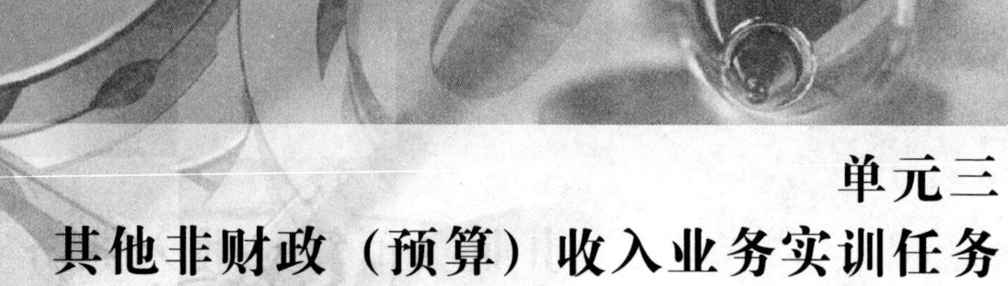

单元三
其他非财政（预算）收入业务实训任务

实训任务一：上下级调剂收入

某事业单位 2019 年 12 月份发生下列有关上下级调剂收入的业务，请根据有关凭证编制会计分录。

1. 9 日，通过银行转账收到主管部门用其集中的下级上缴款项拨来的补助款 58 000 元。

预算

2. 20 日，通过银行转账收到所属独立核算单位缴来某项收入分成款 1 000 元。

预算

实训任务二：经营（预算）收入

某事业单位在专业业务活动及其辅助活动之外开展非独立核算的经营活动，2019 年 12 月份发生下列有关经营业务，请根据有关凭证编制会计分录。

1. 6 日，为某单位提供有偿服务，合同约定应收劳务费 5 500 元，款项暂未收到。

2. 20 日，收到银行到账通知，上述应收款项到账。

预算

3.21 日，所属非独立核算的检测服务部向外提供污染检测服务，应收检测服务费 10 500 元（免税），实际收到 10 000 元，款项通过银行转账收讫。

预算

实训任务三：捐赠、利息、租金（预算）收入

某事业单位 2019 年 11 月份及 12 月份发生下列有关捐赠、利息、租金（预算）收入的业务，请根据有关凭证编制会计分录。

1.11 月 1 日，收到银行到账通知，某机构捐赠的指定用于某公益项目的款项 50 000 元到账。

预算

2.11 月 6 日，收到某机构捐赠的价值 77 000 元的设备一台，现金支付相关税费 3 000 元。

预算

3.11 月 9 日，收到某单位捐赠的某种无指定用途的材料一批，该批捐赠材料没有相关凭证，单位也没有采购过同类商品，市场上也没有同类商品，该批捐赠商品以名义金额入账，通过银行转账为该批商品支付运杂费 300 元（暂不考虑相关税费）。

预算

4.11 月 10 日，收到银行存款利息入账通知，本月银行存款利息为 6 016 元。

预算

5. 11 月 11 日，通过银行转账收到承租人预付的全年租金 24 000 元。

预算

6. 12 月 11 日，按照直线法确认本月应确认的租金收入 2 000 元。

7. 12 月 12 日，计算出并确认本月应向承租人收取的房屋租金收入为 8 000 元。

8. 12 月 15 日，通过银行转账收到上述承租人支付的本月租金 8 000 元。

预算

实训任务四：其他（预算）收入

某事业单位 2019 年 12 月份发生下列有关其他收入业务，请根据有关凭证编制会计分录。

1. 11 日，库存现金盘点表列明现金长款 9 元，经核查为财务报销过程中产生的正常溢余。

2. 12 日，通过网银转账收到科技成果转化收入 80 000 元（全部留归单位）。

预算

3. 14 日，按规定程序报经批准，将以前预收某单位款项 3 200 元列收。

4. 15 日，按规定程序报经批准，将应付某公司款项 3 300 元列收。

第四部分

费用（预算支出）业务实训

单元一
基本业务（管理）活动费用（支出）业务实训任务

实训任务一：业务活动费用

某事业单位 2019 年 12 月份发生下列业务活动，请根据有关凭证编制会计分录。

1.1 日，用财政基本经费支付会议室租赁费 12 000 元，款项通过银行转账支付。

预算

2.5 日，计提本月专业业务活动人员工资 65 000 元，应代扣个人所得税 1 000 元。

3.6 日，收到工资发放代理银行盖章转回的财政直接支付入账通知书及工资发放明细表，实发工资 64 000 元，代扣代缴个人所得税 1 000 元。

预算

4.10 日，通过零余额账户预付某单位专业培训费 9 000 元。

预算

5.11 日，计算出当年应计提的修购基金 20 000 元。

6. 11 日，折旧计算汇总表列明，本期应计提公共基础设施折旧 91 000 元，保障性住房折旧 96 000 元。

7. 12 日，上月购入的零星办公用品因故退回，通过网银转账收到退货款 200 元。

预算

8. 20 日，与上述某单位办理结算，实际应付培训费 10 000 元，通过零余额账户补付 1 000 元。

预算

实训任务二：单位管理费用

某事业单位 2019 年 12 月份发生下列管理活动业务，请根据有关凭证编制会计分录。

1. 7 日，办公室某同志因公出差预借差旅费 5 000 元，通过网银转账付讫。

2. 10 日，上述办公室某同志按规定报销差旅费 5 000 元。

预算

3. 15 日，计提本月管理人员工资 62 000 元，应代扣个人所得税 1 100 元。

4. 16 日，收到工资发放代理银行盖章转回的财政直接支付入账通知书及工资发放明细表，上卡工资 60 900 元，代扣代缴个人所得税 1 100 元。

预算

5.19 日，通过财政直接支付方式预付某单位会议费 3 000 元。

预算

6.15 日，与上述单位结算会议费，实际应付管理费用为 2 800 元，多余款项通过原支付渠道退回。

预算

7.31 日，收到资产管理部门转来固定资产折旧计算汇总表，本期应计提管理部门固定资产折旧共计 6 400 元。

8.31 日，仓库转来本月发出存货汇总表，表中列明本月开展管理活动领用库存 A 产品 900 元。

9.31 日，计算出本期开展管理活动应缴纳的城市维护建设税 350 元、教育费附加 150 元。

10.31 日，通过网银转账缴纳上述税费。

预算

单元二
其他业务（管理）活动费用（支出）业务实训任务

实训任务一：经营费用（支出）

某事业单位2019年12月份发生下列有关经营费用的业务，请根据有关凭证编制会计分录。

1.5日，收到单位人事部门提供的当月工资表，列明当月开展非独立核算经营活动的人员工资36 000元。

2.6日，通过网银转账支付上述从事非独立核算经营活动人员工资36 000元。

预算

3.14日，仓库转来发出材料汇总表，表中列明本月开展非独立核算的经营活动领用乙材料4 320元。

4.16日，为开展非独立核算的经营活动，通过网银转账预付某合作单位劳务款4 110元。

预算

5.26日，上述协作单位提供协作劳务，按合同实际结算劳务费4 110元。

6. 31 日，计提本月非独立核算经营活动用固定资产折旧 3 000 元。

7. 31 日，计算出本期开展经营活动应缴纳的相关税费 600 元。

8. 11 日，为开展非独立核算的经营活动购入机器设备一台，价款 18 000 元，款项通过网银转账支付，发票已收到，设备已验收入库。

预算

实训任务二：上下级调剂费用（支出）

某事业单位 2019 年 5 月份发生下列有关上下级调剂费用（支出）的业务，请根据有关凭证编制会计分录。

1. 13 日，计算出本月按规定应上缴上级单位的款项 16 000 元。

2. 15 日，通过银行转账实际上缴上述款项。

预算

3. 21 日，按照规定计算出应当补助给所属某独立核算单位款项为 7 000 元。

4. 30 日，通过银行转账向所属某独立核算单位支付上述款项。

预算

实训任务三：其他费用（支出）

某事业单位 2019 年发生下列有关所得税及其他零星业务，请根据有关凭证编制会计分录。

1.11 月 8 日，计算出当月应缴纳企业所得税 3 200 元。

2.11 月 9 日，通过网银转账缴纳上述税款。

预算

3.11 月 10 日，通过网银转账支付向某慈善机构的捐款 65 000 元。

预算

4.11 月 15 日，计算出本期应付工商银行短期借款利息 6 000 元。

5.11 月 16 日，通过网银转账支付环境部门执法罚款 50 000 元。

预算

6.12 月 31 日，计算出本期应计提坏账准备 4 000 元。

第五部分

预算结余业务实训

单元一
资金结存业务实训任务

某事业单位2019年发生下列有关资金结存的业务，请根据有关凭证编制会计分录。

1.6月1日，收到零余额账户代理银行盖章转回的财政授权支付到账通知书，并与当月分月用款计划核对，本月授权支付用款额度为180 000元。

预算

2.6月14日，收到财政直接支付到账通知书，政府采购中心用上年度财政直接支付结转资金40 000元，为单位集中采购专业业务活动用物品。

预算

3.6月5日，开出现金支票从零余额账户提现3 000元备用。

预算

4.6月19日，用专用基金（从非财政拨款结余中计提的专用基金）支付职工食堂福利性开支30 000元，款项通过银行转账付讫。

预算

5.6 月 10 日，开出转账支票，通过零余额账户缴纳本月办公费 10 600 元。

预算

6.6 月 21 日，用按收入的一定比例计提的专用基金购入教学专用设备一台，价税合计 9 300 元。价款通过网银转账支付，设备已交付使用。

预算

7.6 月 26 日，上年度购入的一批物资因故退货，通过零余额账户收回资金 9 800 元。

预算

8.12 月 31 日，按规定将非财政拨款结转资金 50 000 元通过银行转账缴回。

预算

9.12 月 31 日，通过零余额账户转账收到财政部门调入的财政拨款结转资金 10 000 元。

预算

10.12 月 31 日，当年纳入财政直接支付的预算指标为 350 000 元，年度终了的实际执行数为 300 000 元，当年应注销的财政直接支付预算指标为 50 000 元。

预算

11. 12 月 31 日，按规定注销财政拨款结余额度 10 000 元。

预算

12. 12 月 31 日，当年纳入财政授权支付的预算指标为 440 000 元，年度终了零余额账户用款额度的实际下达数为 430 000 元，当年应注销的财政授权支付预算指标为 10 000 元。

预算

单元二
财政拨款结转业务实训任务

某事业单位2019年12月份发生下列有关财政拨款结转业务，请根据有关凭证编制会计分录。

1.1日，通过银行转账收到某单位退回上年度已列支的购货款3 000元（属财政拨款结转资金）。

预算

2.2日，收到代理银行财政授权支付到账通知书，从某单位调入财政拨款结转资金100 000元。

预算

3.3日，通过网银转账向某单位调出财政拨款结转资金40 000元。

预算

4.31日，通过网银转账将财政拨款结转资金25 000元上缴财政。

预算

5. 31 日，结转财政拨款预算收入本年累计发生额 214 000 元。

6. 31 日，结转财政拨款预算支出本年累计发生额 193 000 元。

7. 31 日，承上 1—6 将财政拨款结转相关明细科目发生额结转到累计结转明细科目。

单元三
财政拨款结余业务实训任务

某事业单位 2019 年 12 月份发生下列有关财政拨款结余业务，请根据有关凭证编制会计分录。

1. 2 日，收到财政授权支付入账通知书，某单位退回上年度已列支的购进材料款 9 000 元（属财政拨款结余资金）。

预算

2. 31 日，按程序报经批准将财政拨款结余资金 3 000 元转入财政拨款结转。

3. 31 日，经分析当年财政拨款结转中有 14 000 元符合财政拨款结余性质，将其转入财政拨款结余。

4. 31 日，通过网银转账将财政拨款结余资金 6 000 元上缴财政。

预算

5. 31 日，承上 1—4 将财政拨款结余相关明细科目发生额结转到累计结余明细科目。

单元四
非财政拨款结转业务实训任务

某事业单位 2019 年 12 月份发生下列有关非财政拨款结转业务，请根据有关凭证编制会计分录。

1. 结转当年预算收入类账户非财政限定用途资金收入累计发生额，其中：

事业预算收入（限定用途资金收入）56 000 元；

上级补助预算收入（限定用途资金收入）24 000 元；

附属单位上缴预算收入（限定用途资金收入）12 000 元；

非同级财政拨款预算收入（限定用途资金收入）8 000 元；

其他预算收入（限定用途资金收入）4 000 元。

2. 结转当年预算支出类账户非财政限定用途资金支出累计发生额，其中：

事业支出（非财政限定用途资金支出）87 000 元；

其他支出（非财政限定用途资金支出）6 000 元。

预算

3. 承上，结转非财政拨款结转的累计结转。

预算

4. 承上，上述非财政拨款结转资金留归单位，按规定将其转入非财政拨款结余。

预算

单元五 非财政拨款结余业务实训任务

某事业单位2019年发生下列有关非财政拨款结余业务，请根据有关凭证编制会计分录。

1. 按规定从科研项目预算收入中提取管理费2 400元。

预算

2. 通过银行转账缴纳当年应缴企业所得税4 200元。

预算

3. 将留归单位使用的非财政限定用途资金5 600元转入非财政拨款结余。

4. 承上1—3，将上述非财政拨款结余相关明细科目余额结转到“累计结余”明细科目。

5. 将年终非财政拨款结余分配后的未分配非财政拨款结余3 800元结转到“累计结余”明细科目。

单元六
专用、经营和其他结余及分配业务实训任务

实训任务一：专用结余

某事业单位 2019 年发生下列有关专用结余业务，请根据有关凭证编制会计分录。

1. 计算出应按本年非财政拨款结余提取的专用基金数为 40 000 元。

预算

2. 用从非财政拨款结余中提取的专用基金购入某种专用设备一台，价税合计 30 000 元。设备已验收入库，款项通过网银转账支付。

预算

实训任务二：经营结余

某事业单位 2019 年 12 月 31 日发生下列有关经营结余业务，请根据有关凭证编制会计分录。

1. 结转当年经营预算收入累计发生额 37 000 元。

2. 结转当年经营支出累计发生额 29 000 元。

3. 结转当年累计实现的经营结余 8 000 元。

实训任务三：其他结余

某事业单位 2019 年 12 月 31 日发生下列有关其他结余业务，请根据有关凭证编制会计分录。

1. 结转预算收入类账户非财政非限定用途资金收入当年累计发生额，其中：

事业预算收入（非限定用途资金收入）86 000 元；

上级补助预算收入（非限定用途资金收入）43 000 元；

附属单位上缴预算收入（非限定用途资金收入）7 200 元；

非同级财政拨款预算收入（非限定用途资金收入）10 000 元；

其他预算收入（非限定用途资金收入）1 000 元。

2. 结转预算支出类账户非财政非限定用途资金支出当年累计发生额，其中：

事业支出（非财政非限定用途资金支出）50 000 元；

其他支出（非财政非限定用途资金支出）4 000 元；

上缴上级支出 5 000 元；

对附属单位补助支出 7 000 元。

3. 结转当年累计实现的其他结余 81 200 元。

实训任务四：非财政拨款结余分配

某事业单位 2019 年 12 月 31 日发生下列有关非财政拨款结余分配业务，请根据有关凭证编制会计分录。

1. 结转本年累计实现的其他结余 54 100 元。

2. 结转本年累计实现的经营结余 65 200 元。

3. 按当年累计实现的其他结余和经营结余的 30%计提专用基金 35 790 元。

预算

4. 结转当年未分配非财政拨款结余 83 510 元。

第六部分

净资产业务实训

单元一
本期盈余及其分配业务实训任务

某事业单位2019年年终办理下列有关本期盈余及其分配业务，请根据有关凭证编写会计分录。

1.12月1日，使用从收入中提取的专用基金支付职工年度体检费24 000元，已通过网银转账付讫。

预算

2.12月3日，使用从收入中提取的专用基金采购一台专用设备，该设备价款150 000元，通过网银转账付讫。

预算

3.12月31日，按规定计算出当年应按收入计提的专用基金额为200 000元。

4.12月31日，2019年度实现财政拨款收入3 000 000元，事业收入1 500 000元，经营收入500 000元。同时，2019年度发生的业务活动费用1 800 000元，单位管理费用400 000元，经营费用800 000元，请结转本期实现的各项收入和发生的各项费用。

5. 承上，12月31日，结转本期盈余账户的贷方余额2 000 000元。

6. 承上，12月31日，按照预算会计（从本年度非财政拨款结余或经营结余中提取专用基金）下计算提取的专用基金额为 1 200 000 元。

预算

7. 承上，12 月 31 日，结转本年盈余分配科目计提专用基金后的余额 800 000 元。

单元二 累计盈余及其调整业务实训任务

某事业单位 2019 年 12 月办理下列有关累计盈余及其调整业务，请根据有关凭证编写会计分录。

1. 12 月 5 日，取得无偿调入专用运输设备一台，价款 75 000 元。设备已交付使用，通过网银转账支付安装调试费 5 000 元。

预算

若到 12 月 31 日无偿调拨净资产贷方余额为 75 000 元则转入累计盈余。

2. 12 月 8 日，向异地办公点无偿调出行政办公设备一台，交接手续已经办妥。取得该设备共支付价款 40 000 元，已计提折旧 12 000 元，支付运输费 2 000 元，运输费已付讫。

预算

若到 12 月 31 日无偿调拨净资产借方余额为 28 000 元则转入累计盈余。

3. 12 月 13 日，按财政拨款计划，向下属单位拨款结转资金 100 000 元，款项已通过银行划拨支付。

预算

4.12 月 17 日，按财政拨款计划，收到上级部门调入财政拨款结转资金 150 000 元，款项已通过银行划拨收到。

预算

第七部分

报表编制实训

单元一
资产负债表的编制实训任务

实训任务一：资产负债表（月报）的编制

请根据某事业单位 2018 年 12 月末资产负债表（表 7-1-1）和 2019 年 12 月 31 日年终结账前的试算平衡表（表 7-1-2）编制 2019 年 12 月份的资产负债表。

1.2018 年 12 月 31 日资产负债表如表 7-1-1 所示。

表 7-1-1 **资产负债表**

会财政 01 表

编制单位：某事业单位 2018 年 12 月 31 日 单位：元

资　　产	期末余额	年初余额	负债和净资产	期末余额	年初余额
流动资产：			流动负债：		
货币资金	72 000.00	438 000.00	短期借款	20 000.00	40 000.00
短期投资	60 000.00	90 000.00	应交增值税		
财政应返还额度	40 000.00		其他应交税费	3 000.00	7 000.00
应收票据			应缴财政款	8 000.00	25 000.00
应收账款净额	11 000.00	13 400.00	应付职工薪酬		
预付账款			应付票据		
应收股利			应付账款		
应收利息			应付政府补贴款	57 000.00	
其他应收款净额	12 000.00	4 300.00	应付利息		20 000.00
存货	50 000.00	60 000.00	预收账款		
待摊费用		15 000.00	其他应付款	2 500.00	
一年内到期的非流动资产			预提费用		
流动资产合计	245 000.00	620 700.00	一年内到期的非流动负债	12 000.00	
非流动资产：			其他流动负债		
长期股权投资			流动负债合计	102 500.00	92 000.00
长期债权投资			非流动负债：		
固定资产原值	45 000.00	56 000.00	长期借款	6 000.00	100 000.00
减：固定资产累计折旧	31 000.00	21 000.00	长期应付款	10 000.00	10 000.00

续前表

资　　产	期末余额	年初余额	负债和净资产	期末余额	年初余额
固定资产净值	14 000.00	35 000.00	预计负债		
工程物资		34 000.00	其他非流动负债		
在建工程	10 000.00	42 000.00	非流动负债合计	16 000.00	110 000.00
无形资产原值	92 000.00	56 000.00	受托代理负债	30 000.00	20 000.00
减：无形资产累计摊销	15 000.00	36 000.00	负债合计	148 500.00	222 000.00
无形资产净值	77 000.00	20 000.00			
研发支出					
公共基础设施原值	73 000.00	60 000.00			
减：公共基础设施累计折旧（摊销）	30 000.00	30 000.00			
公共基础设施净值	43 000.00	30 000.00			
政府储备物资	75 000.00	50 000.00			
文物文化资产					
保障性住房原值	96 100.00	120 000.00			
减：保障性住房累计折旧	20 600.00	85 000.00	净资产：		
保障性住房净值	75 500.00	35 000.00	累计盈余	412 000.00	648 200.00
长期待摊费用		6 500.00	专用基金	10 000.00	23 000.00
待处理财产损溢	1 000.00		权益法调整		
其他非流动资产			无偿调拨净资产*		
非流动资产合计	295 500.00	252 500.00	本期盈余*		
受托代理资产	30 000.00	20 000.00	净资产合计	422 000.00	671 200.00
资产总计	570 500.00	893 200.00	负债和净资产总计	570 500.00	893 200.00

2.2019 年 12 月 31 日相关账户期初余额、本期发生额数据如表 7-1-2 所示，请计算并填写 12 月期末余额数，完成年终结账前的试算平衡表。

表 7-1-2　　某事业单位 12 月 31 日年终结账前的试算平衡表　　单位：元

科目名称	期初余额		本期发生额		期末余额	
	借方	贷方	借方	贷方	借方	贷方
库存现金（1001）	1 800.00		500.00	1 500.00		
银行存款（1002）	66 000.00		176 500.00	207 500.00		
零余额账户用款额度（1011）	220 700.00		225 000.00	111 000.00		
其他货币资金（1021）	19 000.00		3 000.00	15 000.00		
短期投资（1101）	120 000.00					
应收账款（1212）	105 000.00		20 000.00			
其他应收款（1218）	142 400.00		181 500.00			
坏账准备（1219）		18 400.00				
——应收账款（121901）		10 600.00				
——其他应收款（121902）		7 800.00				
在途物品（1301）	20 000.00		5 000.00			

续前表

科目名称	期初余额		本期发生额		期末余额	
	借方	贷方	借方	贷方	借方	贷方
库存物品（1302）	347 000.00		10 000.00	342 000.00		
固定资产（1601）	69 000.00		12 000.00			
固定资产累计折旧（1602）		37 000.00				
工程物资（1611）	20 000.00					
在建工程（1613）	30 000.00					
无形资产（1701）	81 200.00		19 000.00			
无形资产累计摊销（1702）		15 000.00				
公共基础设施（1801）	145 700.00					
公共基础设施累计折旧（摊销）（1802）		30 000.00				
政府储备物资（1811）	145 000.00					
保障性住房（1831）	85 700.00					
保障性住房累计折旧（1832）		20 600.00				
受托代理资产（1891）	14 500.00					
待处理财产损溢（1902）	4 000.00		5 000.00			
其他应交税费（2102）			56 000.00	56 000.00		
应缴财政款（2103）		151 000.00	145 000.00			
应付政府补贴款（2303）				97 000.00		
长期借款（2501）		14 000.00				
长期应付款（2502）		20 000.00				
受托代理负债（2901）		30 000.00				
累计盈余（3001）		1 290 000.00				
专用基金（3101）		3 000.00				
本期盈余（3301）		8 000.00	115 500.00	144 000.00		
财政拨款收入（4001）			120 000.00	120 000.00		
——一般公共财政预算拨款（400101）			30 000.00	30 000.00		
——政府性基金预算财政拨款（400102）			90 000.00	90 000.00		
事业收入（4101）			12 000.00	12 000.00		
非同级财政拨款收入（4601）			10 000.00	10 000.00		
其他收入（4609）			2 000.00	2 000.00		
业务活动费用（5001）			102 000.00	102 000.00		
单位管理费用（5101）			8 000.00	8 000.00		
其他费用（5901）			5 500.00	5 500.00		
合　　计	1 637 000.00	1 637 000.00	1 233 500.00	1 233 500.00		

注：(1) “库存现金”期末余额中包括受托代理资产 500.00 元；“银行存款”期末余额中包括受托代理资产 15 000.00 元。

(2)“长期借款”账户中将于一年内到期的金额为 8 000.00 元。

(3)“长期应付款”账户中将于一年内到期的金额为 10 000.00 元。

3. 计算各项目的年初余额：

各项目根据2018年年末资产负债表的“期末余额”栏内数据填列。

4. 计算各项目的期末余额：

（1）“短期投资”“财政应返还额度”“应收利息”“固定资产原值”“固定资产累计折旧”“工程物资”“在建工程”“无形资产原值”“无形资产累计摊销”“公共基础设施原值”“公共基础设施累计折旧（摊销）”“政府储备物资”“保障性住房原值”“保障性住房累计折旧”“待处理财产损溢”“短期借款”“其他应交税费”“应缴财政款”“应付利息”“受托代理负债”“累计盈余”“专用基金”“本期盈余”项目直接根据____________填列。

（2）“货币资金”项目＝

“应收账款净额”项目＝

“其他应收款净额”项目＝

“存货”项目＝

“固定资产净值”项目＝

“无形资产净值”项目＝

“公共基础设置净值”项目＝

“保障性住房净值”项目＝

“受托代理资产”项目＝

“一年内到期的非流动负债”项目＝

“长期借款”项目＝

“长期应付款”项目＝

（3）计算合计数和总计数。

流动资产合计＝

非流动资产合计＝

资产总计＝

流动负债合计＝

非流动负债合计＝

负债总计＝

净资产合计＝

负债和净资产总计＝

5. 根据上述计算结果编制2019年12月的资产负债表（见表7－1－3）。

表7－1－3　资产负债表（月报）

会财政01表

编制单位：　　　　年　月　日　　　　单位：元

资　　产	期末余额	年初余额	负债和净资产	期末余额	年初余额
流动资产：			流动负债：		
货币资金			短期借款		
短期投资			应交增值税		
财政应返还额度			其他应交税费		

续前表

资　　产	期末余额	年初余额	负债和净资产	期末余额	年初余额
应收票据			应缴财政款		
应收账款净额			应付职工薪酬		
预付账款			应付票据		
应收股利			应付账款		
应收利息			应付政府补贴款		
其他应收款净额			应付利息		
存货			预收账款		
待摊费用			其他应付款		
一年内到期的非流动资产			预提费用		
流动资产合计			一年内到期的非流动负债		
非流动资产：			其他流动负债		
长期股权投资			流动负债合计		
长期债权投资			非流动负债：		
固定资产原值			长期借款		
减：固定资产累计折旧			长期应付款		
固定资产净值			预计负债		
工程物资			其他非流动负债		
在建工程			非流动负债合计		
无形资产原值			受托代理负债		
减：无形资产累计摊销			负债合计		
无形资产净值					
研发支出					
公共基础设施原值					
减：公共基础设施累计折旧（摊销）					
公共基础设施净值					
政府储备物资					
文物文化资产					
保障性住房原值					
减：保障性住房累计折旧			净资产：		
保障性住房净值			累计盈余		
长期待摊费用			专用基金		
待处理财产损溢			权益法调整		
其他非流动资产			无偿调拨净资产*		
非流动资产合计			本期盈余*		
受托代理资产			净资产合计		
资产总计			负债和净资产总计		

注："*"标识项目为月报项目，年报中不需列示。

实训任务二：资产负债表（年报）的编制

1. 某事业单位 2019 年年末结转业务如下，请根据年终本年盈余分配规定编制结转业务会计分录。

（1）12 月 31 日，结转本期盈余账户截至 12 月 31 日的贷方余额为 36 500 元。

（2）12 月 31 日，计算出本年应提取的专用基金为 10 300 元。

（3）12 月 31 日，将计提专用基金后的本期盈余 26 200 元结转。

2. 将以上结转业务记入各有关账户后先编制发生额平衡表（见表 7－1－4），再根据 12 月 31 日年终结账前试算平衡表和年终结转发生额编制 12 月 31 日年终结账后的试算平衡表（见表 7－1－5）。

表 7－1－4　　发生额平衡表　　单位：元

会计科目	借方	贷方
累计盈余（3001）		
专用基金（3101）		
本期盈余（3301）		
本年盈余分配（3302）		
合　计		

表 7－1－5　　某事业单位 12 月 31 日年终结账后的试算平衡表　　单位：元

科目名称	结账前期末余额		年终结转业务发生额		结账后期末余额	
	借方	贷方	借方	贷方	借方	贷方
库存现金（1001）						
银行存款（1002）						
零余额账户用款额度（1011）						
其他货币资金（1021）						
短期投资（1101）						
应收账款（1212）						
其他应收款（1218）						
坏账准备（1219）						
——应收账款（121901）						
——其他应收款（121902）						
在途物品（1301）						
库存物品（1302）						
固定资产（1601）						
固定资产累计折旧（1602）						
工程物资（1611）						
在建工程（1613）						
无形资产（1701）						

续前表

科目名称	结账前期末余额		年终结转业务发生额		结账后期末余额	
	借方	贷方	借方	贷方	借方	贷方
无形资产累计摊销（1702）						
公共基础设施（1801）						
公共基础设施累计折旧（摊销）（1802）						
政府储备物资（1811）						
保障性住房（1831）						
保障性住房累计折旧（1832）						
受托代理资产（1891）						
待处理财产损溢（1902）						
其他应交税费（2102）						
应缴财政款（2103）						
应付政府补贴款（2303）						
长期借款（2501）						
长期应付款（2502）						
受托代理负债（2901）						
累计盈余（3001）						
专用基金（3101）						
本期盈余（3301）						
本年盈余分配（3302）						
合　　计						

3. 请根据以上资料编制2019年的年度资产负债表（见表7-1-6）。

表7-1-6　　资产负债表（年报）

会财政01表

编制单位：　　　　年　月　日　　　　单位：元

资　　产	期末余额	年初余额	负债和净资产	期末余额	年初余额
流动资产：			流动负债：		
货币资金			短期借款		
短期投资			应交增值税		
财政应返还额度			其他应交税费		
应收票据			应缴财政款		
应收账款净额			应付职工薪酬		
预付账款			应付票据		
应收股利			应付账款		
应收利息			应付政府补贴款		
其他应收款净额			应付利息		
存货			预收账款		
待摊费用			其他应付款		
一年内到期的非流动资产			预提费用		
流动资产合计			一年内到期的非流动负债		

续前表

资　　产	期末余额	年初余额	负债和净资产	期末余额	年初余额
非流动资产：			其他流动负债		
长期股权投资			流动负债合计		
长期债权投资			非流动负债：		
固定资产原值			长期借款		
减：固定资产累计折旧			长期应付款		
固定资产净值			预计负债		
工程物资			其他非流动负债		
在建工程			非流动负债合计		
无形资产原值			受托代理负债		
减：无形资产累计摊销			负债合计		
无形资产净值					
研发支出					
公共基础设施原值					
减：公共基础设施累计折旧（摊销）					
公共基础设施净值					
政府储备物资					
文物文化资产					
保障性住房原值					
减：保障性住房累计折旧			净资产：		
保障性住房净值			累计盈余		
长期待摊费用			专用基金		
待处理财产损溢			权益法调整		
其他非流动资产			无偿调拨净资产*		
非流动资产合计			本期盈余*		
受托代理资产			净资产合计		
资产总计			负债和净资产总计		

注：“*”标识项目为月报项目，年报中不需列示。

单元二 收入费用表的编制实训任务

实训任务一：收入费用表（月报）的编制

请根据某事业单位 2019 年下列资料编制 12 月收入费用表。

1. 各收入类与费用类账户 12 月发生额及全年累计发生额如表 7-2-1 所示。

表 7-2-1　各收入类与费用类账户 12 月发生额及全年累计发生额　单位：元

科目名称	1—11 月累计发生额	12 月发生额	1—12 月累计发生额
财政拨款收入（4001）	555 000.00	120 000.00	675 000.00
——一般公共财政预算拨款（400101）	200 000.00	30 000.00	230 000.00
——政府性基金预算财政拨款（400102）	355 000.00	90 000.00	445 000.00
事业收入（4101）	85 000.00	12 000.00	97 000.00
非同级财政拨款收入（4601）	56 000.00	10 000.00	66 000.00
其他收入（4609）	30 000.00	2 000.00	32 000.00
业务活动费用（5001）	587 000.00	102 000.00	689 000.00
单位管理费用（5101）	86 000.00	8 000.00	94 000.00
其他费用（5901）	45 000.00	5 500.00	50 500.00

2. 根据上表数据编制某事业单位 2019 年 12 月收入费用表（见表 7-2-2）。

表 7-2-2　收入费用表（月报）

会财政 02 表

编制单位：　　　　年　月　　　　单位：元

项　　目	本月数	本年累计数
一、本期收入		
（一）财政拨款收入		
其中：政府性基金收入		
（二）事业收入		
（三）上级补助收入		
（四）附属单位上缴收入		
（五）经营收入		
（六）非同级财政拨款收入		
（七）投资收益		

续前表

项目	本月数	本年累计数
（八）捐赠收入		
（九）利息收入		
（十）租金收入		
（十一）其他收入		
二、本期费用		
（一）业务活动费用		
（二）单位管理费用		
（三）经营费用		
（四）资产处置费用		
（五）上缴上级费用		
（六）对附属单位补助费用		
（七）所得税费用		
（八）其他费用		
三、本期盈余		

实训任务二：收入费用表（年报）的编制

请根据某事业单位下列资料编制 2019 年收入费用表。

1. 2018 年度收入费用表如 7-2-3 所示。

表 7-2-3 **收入费用表**

会财政 02 表

编制单位：某事业单位 2018 年 单位：元

项目	本年数	上年数
一、本期收入	166 000.00	225 000.00
（一）财政拨款收入	78 000.00	66 000.00
其中：政府性基金收入	56 000.00	45 000.00
（二）事业收入	54 000.00	86 000.00
（三）上级补助收入	20 000.00	
（四）附属单位上缴收入		
（五）经营收入		
（六）非同级财政拨款收入	14 000.00	63 000.00
（七）投资收益		
（八）捐赠收入		10 000.00
（九）利息收入		
（十）租金收入		
（十一）其他收入		
二、本期费用	99 700.00	151 700.00
（一）业务活动费用	35 500.00	65 200.00
（二）单位管理费用	5 600.00	80 000.00
（三）经营费用		
（四）资产处置费用		

续前表

项　　　目	本年数	上年数
（五）上缴上级费用		
（六）对附属单位补助费用		
（七）所得税费用		58 600.00
（八）其他费用		6 500.00
三、本期盈余	66 300.00	73 300.00

2.2019 年 12 月份的收入费用表承本单元实训任务一。

3. 根据以上资料编制 2019 年度收入费用表（见表 7－2－4）。

表 7－2－4　　**收入费用表（年报）**

会财政 02 表

编制单位：　　年　　单位：元

项　　　目	本年数	上年数
一、本期收入		
（一）财政拨款收入		
其中：政府性基金收入		
（二）事业收入		
（三）上级补助收入		
（四）附属单位上缴收入		
（五）经营收入		
（六）非同级财政拨款收入		
（七）投资收益		
（八）捐赠收入		
（九）利息收入		
（十）租金收入		
（十一）其他收入		
二、本期费用		
（一）业务活动费用		
（二）单位管理费用		
（三）经营费用		
（四）资产处置费用		
（五）上缴上级费用		
（六）对附属单位补助费用		
（七）所得税费用		
（八）其他费用		
三、本期盈余		

单元三
净资产变动表的编制实训任务

请根据某事业单位下列相关资料编制 2019 年净资产变动表。

1.“累计盈余”“专用基金”“权益法调整”账户上年年末、本期余额见单元一实训任务一。

2. 2019 年度有关资料说明：

（1）“本期盈余”转入“本年盈余分配”，金额见单元一实训任务二。

（2）年末结转前“以前年度盈余调整”科目余额为 13 000.00 元。

（3）本年按有关规定从预算收入中提取基金的金额为 3 300.00 元。

（4）本年从其他单位调入财政拨款结转资金 900 000.00 元；调出财政拨款结转资金 5 000.00 元；上缴财政拨款结转结余 20 300.00 元；缴回非财政拨款结转资金 20 000.00 元。

3. 根据以上资料填制本年数，编制 2019 年净资产变动表（见表 7－3－1）。

表 7－3－1 **净资产变动表**

会政财 03 表

编制单位： 年 单位：元

项目	本年数				上年数（略）			
	累计盈余	专用基金	权益法调整	净资产合计	累计盈余	专用基金	权益法调整	净资产合计
一、上年年末余额								
二、以前年度盈余调整（减少以“－”号填列）		—	—			—	—	
三、本年年初余额								
四、本年变动金额（减少以“－”号填列）								
（一）本年盈余		—	—			—	—	
（二）无偿调拨净资产		—	—			—	—	
（三）归集调整预算结转结余		—	—			—	—	
（四）提取或设置专用基金			—				—	
其中：从预算收入中提取	—		—		—		—	
从预算结余中提取			—				—	
设置的专用基金	—		—		—		—	
（五）使用专用基金			—				—	
（六）权益法调整	—	—			—	—		
五、本年年末余额								

注：“—”标识单元格不需填列。

单元四
现金流量表的编制实训任务

请结合某事业单位 2019 年有关现金流量经济业务说明及相关资料，编制该单位 2019 年度现金流量表。

1. 某事业单位 2019 年有关现金流量经济业务说明。

(1) 1 月 3 日，单位职员王丽出差预借差旅费 4 500 元。

摘要：出差借款

借：其他应收款——王丽　　4 500

　贷：库存现金　　4 500

(2) 1 月 10 日，从单位零余额账户代理银行提现 5 000 元备用。

摘要：提现备用

借：库存现金　　5 000

　贷：零余额账户用款额度　　5 000

(3) 1 月 18 日，王丽出差回来报销差旅费 4 000 元，退回现金 500 元。

摘要：报销差旅费

借：业务活动费用　　4 000

　　库存现金　　500

　贷：其他应收款——王丽　　4 500

(4) 2 月 11 日，向开户银行申请签发面值为 30 000 元的银行汇票一张。

摘要：签发银行汇票

借：其他货币资金——银行汇票　　30 000

　贷：银行存款　　30 000

(5) 2 月 24 日，销售给 B 公司 A 产品一批，价款 10 000 元，税款 1 600 元，货款通过网银转来（按财政部门管理规定，该货款留归单位不需上缴，该单位开展非独立核算经营活动）。

摘要：销售 A 产品

借：银行存款　　11 600

　贷：经营收入　　10 000

　　　应交增值税——应交税金（销项税额）　　1 600

(6) 3 月 1 日，对经营租赁方式租入的办公楼（租赁期 10 年）进行装修改造，通过银行转账支付 20 000 元装修费用。

摘要：支付办公楼装修费用

借：长期待摊费用 20 000

贷：银行存款 20 000

(7) 3 月 10 日，购进办公耗材一批，价款 5 000 元，税款 800 元。通过银行转账支付货款，发票账单已经收到，材料尚未入库。

摘要：购入办公耗材

借：在途物品 5 000

应交增值税——应交税金（进项税额） 800

贷：银行存款 5 800

(8) 4 月 1 日，通过零余额账户转账 8 700 元支付一季度电费。

摘要：支付一季度电费

借：单位管理费用 8 700

贷：零余额账户用款额度 8 700

(9) 4 月 5 日，进行短期投资，从银行购买三个月的国债，价款 200 000 元通过银行转账支付。

摘要：国债投资

借：短期投资 200 000

贷：银行存款 200 000

(10) 5 月 1 日，收到以前年度购买的国债本息 15 000 元，该国债账面余额为 10 000 元。

摘要：收到国债本息

借：银行存款 15 000

贷：长期债券投资 10 000

投资收益 5 000

(11) 5 月 5 日，收到银行通知，国债利息 750 元到账。

摘要：收到投资利息

借：银行存款 750

贷：投资收益 750

(12) 6 月 5 日，收到上述国债当月利息。

摘要：收到投资利息

借：银行存款 750

贷：投资收益 750

(13) 6 月 23 日，经批准用财政项目经费购入办公桌椅一套，价款 12 000 元，款项通过银行转账支付。

摘要：购买办公桌椅

借：固定资产 12 000

贷：银行存款 12 000

(14) 7 月 5 日，国债到期，通过银行转账收到当月利息及本金。

摘要：收到国债本息

借：银行存款　　200 750

　贷：短期投资　　200 000

　　　投资收益　　750

(15) 7 月 16 日，出售专利技术，通过银行转账收到出售价款 100 000 元。

摘要：出售专利技术

借：银行存款　　100 000

　贷：应缴财政款　　100 000

(16) 8 月 4 日，经批准将某储备急救药一批出售，售价 300 000 元，款项通过网银转账收讫。

摘要：出售药品

借：银行存款　　300 000

　贷：事业收入　　300 000

(17) 8 月 25 日，现金盘点时发现短缺 50 元。

摘要：现金盘点

借：待处理财产损溢　　50

　贷：库存现金　　50

(18) 9 月 5 日，经上级主管部门批准，从工商银行借入 3 年期、年利率 5.0%的借款 600 000 元。款项已通过银行转账收讫。

摘要：取得长期借款

借：银行存款　　600 000

　贷：长期借款——本金　　600 000

(19) 10 月 20 日，计算职工工资薪酬，其中：专业技术人员为 21 300 元，行政管理人员为 32 700 元。当日银行代发工资。

摘要：发放工资

借：应付职工薪酬——工资　　54 000

　贷：银行存款　　54 000

(20) 10 月 29 日，与甲公司签订服务合同，合同价款 50 000 元，须预付合同价款 30%的定金。收到甲公司通过网银转来的定金。

摘要：预收定金

借：银行存款　　15 000

　贷：预收账款——甲公司　　15 000

(21) 11 月 7 日，通过横向联网电子缴税系统预缴增值税 80 000 元。

摘要：预缴增值税

借：应交增值税——预交税金　　80 000

　贷：银行存款　　80 000

(22) 11 月 23 日，开出转账支票将事业性收费 10 000 元上缴财政专户。

摘要：上缴事业性收费

借：应缴财政款　　10 000

　贷：银行存款　　10 000

（23）12 月 13 日，收到银行到账通知书，附属事业单位缴来款项 5 000 元。

摘要：收到附属单位上缴款

借：银行存款　5 000

　贷：附属单位上缴收入　5 000

（24）12 月 31 日，计算外币（银行存款——美元账户）汇兑损益（期初外币 10 000 美元，汇率为 6.20；本期未发生外币业务；期末汇率为 6.25）。

摘要：汇兑损益

借：银行存款——美元账户　500

　贷：业务活动费用——汇兑收益　500

（25）12 月 31 日，当年纳入财政直接支付的预算指标为 500 000 元，年度终了的实际执行数为 480 000 元，本年度财政直接支付预算指标与当年财政直接支付实际支出数的差额为 20 000 元（财政直接支付方式）。

摘要：确认本年财政应返还额度

借：财政应返还额度　20 000

　贷：财政拨款收入　20 000

2. 根据上述有关现金流量经济业务，分析现金流量各项目的归属，编制多栏式现金流量登记簿（见表 7-4-1、表 7-4-2、表 7-4-3）。

表 7-4-1　现金流量登记簿（日常活动）　单位：元

摘要	流入项目				流出项目			
	财政基本支出拨款收到的现金	财政非资本性项目拨款收到的现金	事业活动收到的除财政拨款以外的现金	收到的其他与日常活动有关的现金	购买商品、接受劳务支付的现金	支付给职工以及为职工支付的现金	支付的各项税费	支付的其他与日常活动有关的现金
合计								

表 7-4-2 现金流量登记簿（投资活动） 单位：元

摘要	流入项目				流出项目			
	收回投资收到的现金	取得投资收益收到的现金	处置固定资产、无形资产、公共基础设施等收回的现金净额	收到的其他与投资活动有关的现金	购建固定资产、无形资产、公共基础设施等支付的现金	对外投资支付的现金	上缴处置固定资产、无形资产、公共基础设施等净收入支付的现金	支付的其他与投资活动有关的现金
合　计								

表 7-4-3 现金流量登记簿（筹资活动） 单位：元

摘要	流入项目			流出项目		
	财政资本性项目拨款收到的现金	取得借款收到的现金	收到的其他与筹资活动有关的现金	偿还借款支付的现金	偿还利息支付的现金	支付的其他与筹资活动有关的现金
合　计						

3. 根据上述多栏式现金流量登记簿编制 2019 年度现金流量表（见表 7-4-4）。

表 7-4-4 现金流量表

会政财 04 表

编制单位： 年 单位：元

项　　目	本年金额	上年金额（略）
一、日常活动产生的现金流量：		
财政基本支出拨款收到的现金		
财政非资本性项目拨款收到的现金		
事业活动收到的除财政拨款以外的现金		
收到的其他与日常活动有关的现金		
日常活动的现金流入小计		
购买商品、接受劳务支付的现金		
支付给职工以及为职工支付的现金		

续前表

项　　目	本年金额	上年金额（略）
支付的各项税费		
支付的其他与日常活动有关的现金		
日常活动的现金流出小计		
日常活动产生的现金流量净额		
二、投资活动产生的现金流量：		
收回投资收到的现金		
取得投资收益收到的现金		
处置固定资产、无形资产、公共基础设施等收回的现金净额		
收到的其他与投资活动有关的现金		
投资活动的现金流入小计		
购建固定资产、无形资产、公共基础设施等支付的现金		
对外投资支付的现金		
上缴处置固定资产、无形资产、公共基础设施等净收入支付的现金		
支付的其他与投资活动有关的现金		
投资活动的现金流出小计		
投资活动产生的现金流量净额		
三、筹资活动产生的现金流量：		
财政资本性项目拨款收到的现金		
取得借款收到的现金		
收到的其他与筹资活动有关的现金		
筹资活动的现金流入小计		
偿还借款支付的现金		
偿还利息支付的现金		
支付的其他与筹资活动有关的现金		
筹资活动的现金流出小计		
筹资活动产生的现金流量净额		
四、汇率变动对现金的影响额		
五、现金净增加额		

单元五
预算收入支出表的编制实训任务

请根据下列有关资料编制某事业单位2019年预算收入支出表。

1. 某事业单位截至12月份有关预算收入类、预算支出类账户发生额汇总表如表7-5-1所示。

表7-5-1　截至12月预算收入类、预算支出类账户累计发生额　单位：元

科目名称	1—12月累计借方发生额	1—12月累计贷方发生额
财政拨款预算收入（6001）		700 000.00
事业预算收入（6101）		97 000.00
非同级财政拨款预算收入（6601）		66 000.00
行政支出（7101）	693 000.00	
事业支出（7201）	108 000.00	
债务还本支出（7701）	5 000.00	

注：财政拨款预算收入中政府性基金收入累计发生额为445 000.00元。

2. 根据以上资料编制2019年预算收入支出表（见表7-5-2）。

表7-5-2　预算收入支出表

会政预01表

单位名称：　年　单位：元

项目	本年数	上年数（略）
一、本年预算收入		
（一）财政拨款预算收入		
其中：政府性基金收入		
（二）事业预算收入		
（三）上级补助预算收入		
（四）附属单位上缴预算收入		
（五）经营预算收入		
（六）债务预算收入		
（七）非同级财政拨款预算收入		
（八）投资预算收益		
（九）其他预算收入		
其中：利息预算收入		
捐赠预算收入		

续前表

项目	本年数	上年数（略）
租金预算收入		
二、本年预算支出		
（一）行政支出		
（二）事业支出		
（三）经营支出		
（四）上缴上支出		
（五）对附属单位补助支出		
（六）投资支出		
（七）债务还本支出		
（八）其他支出		
其中：利息支出		
捐赠支出		
三、本年预算收支差额		

单元六
预算结转结余变动表的编制实训任务

请根据下列有关资料编制某事业单位 2019 年预算结转结余变动表。

1. 某事业单位 2019 年度有关预算结余类账户余额如表 7-6-1、表 7-6-2、表 7-6-3 所示。

表 7-6-1 某事业单位 2019 财政拨款结转科目余额表

	借方余额	贷方余额
“财政拨款结转”年初余额		100 000.00
财政拨款结转——年初余额调整		100 000.00
财政拨款结转——归集调入		400 000.00
财政拨款结转——归集调出	130 000.00	
财政拨款结转——归集上缴	180 000.00	
财政拨款结转——本年收支结转		15 000.00
“财政拨款结转”年末余额		105 000.00

表 7-6-2 某事业单位 2019 年财政拨款结余科目余额表

	借方余额	贷方余额
“财政拨款结余”年初余额		
财政拨款结余——年初余额调整		250 000.00
财政拨款结余——归集调入		
财政拨款结余——归集调出		
财政拨款结余——归集上缴	35 000.00	
财政拨款结余——结转转入		100 000.00
“财政拨款结余”年末余额		315 000.00

表 7-6-3 某事业单位 2019 年其他资金结转结余科目余额表

总账科目	年初贷方余额	借方发生额	贷方发生额	年末贷方余额
非财政拨款结转（8201）	60 000.00	23 000.00	90 000.00	127 000.00
非财政拨款结余（8202）	56 000.00	30 000.00	122 000.00	148 000.00
专用结余（8301）	30 000.00	76 000.00	63 500.00	17 500.00
合　计	146 000.00			292 500.00

2. 根据上述资料，编制2019年某事业单位的预算结转结余变动表（见表7-6-4）。

表7-6-4　　　　预算结转结余变动表

会政预02表

编制单位：　　　　年　　　　单位：元

项　目	本年数	上年数
一、年初预算结转结余		
（一）财政拨款结转结余		
（二）其他资金结转结余		
二、年初余额调整（减少以“-”号填列）		
（一）财政拨款结转结余		
（二）其他资金结转结余		
三、本年变动金额（减少以“-”号填列）		
（一）财政拨款结转结余		
1. 本年收支差额		
2. 归集调入		
3. 归集上缴或调出		
（二）其他资金结转结余		
1. 本年收支差额		
2. 缴回资金		
3. 使用专用结余		
4. 支付所得税		
四、年末预算结转结余		
（一）财政拨款结转结余		
1. 财政拨款结转		
2. 财政拨款结余		
（二）其他资金结转结余		
1. 非财政拨款结转		
2. 非财政拨款结余		
3. 专用结余		
4. 经营结余（如有余额，以“-”号填列）		

注：本年预算收入与预算支出差额为57 000.00元。

单元七 财政拨款预算收入支出表的编制实训任务

请根据下列有关资料编制某事业单位 2019 年预算结转结余变动表。

1. 某事业单位 2019 年度“财政拨款预算收入”“财政拨款结转”“财政拨款结余”“行政支出”“事业支出”等预算类明细账户年初余额、累计发生额和年末余额如表 7-7-1 所示。

表 7-7-1　　财政拨款预算资金收入、支出明细表　　单位：元

明细项目 科　目		一般公共预算财政拨款				政府性基金预算财政拨款				合　计
		基本支出		项目支出		基本支出		项目支出		
		人员经费	日常公用经费	项目 1	项目 2	人员经费	日常公用经费	项目 1	项目 2	
财政拨款结转——年初余额调整	累计发生额	112 000	323 000			30 000	17 000			482 000
财政拨款结转——累计结转	年初余额	60 000	40 000							100 000
	累计发生额	130 000	120 000			24 500	124 500			399 000
	年末余额	80 000		20 000		60 000	52 000			212 000
财政拨款结余——年初余额调整	累计发生额	213 400	121 400			335 000	41 000			710 800
财政拨款结余——累计结余	年初余额	34 000	12 000							46 000
	累计发生额	50 000	20 000			30 000	35 000	10 000		145 000
	年末余额	340 000	383 400	9 000		112 000	27 000			871 400
财政拨款预算收入	累计发生额	280 000	200 000	33 000		38 000	40 000	41 000		632 000
行政支出——财政拨款支出	累计发生额	84 000	160 000			190 000	29 000			463 000
事业支出——财政拨款支出	累计发生额	186 000	145 000	4 000		11 000		14 000		360 000
其他支出——财政拨款支出	累计发生额	9 400	8 000							17 400

2. 根据上表中相关数据，编制某事业单位 2019 年的财政拨款预算收入支出表（见表 7-7-2）。

表 7-7-2　　财政拨款预算收入支出表

会政预 03 表

编制单位：　　年　　单位：元

项目	年初财政拨款结转结余		调整年初财政拨款结转结余	本年归集调入	本年归集上缴或调出	单位内部调剂		本年财政拨款收入	本年财政拨款支出	年末财政拨款结转结余	
	结转	结余				结转	结余			结转	结余
一、一般公共预算财政拨款											
（一）基本支出											
1. 人员经费											
2. 日常公用经费											
（二）项目支出											
1. 项目 1											
2. 项目 2											
二、政府性基金预算财政拨款											
（一）基本支出											
1. 人员经费											
2. 日常公用经费											
（二）项目支出											
1. 项目 1											
2. 项目 2											
总　计											

单元八
本年盈余与预算结余的差异情况说明的实训任务

请根据下列相关资料，编制某事业单位 2019 年本年盈余与预算结余的差异情况说明表。

1. 某事业单位 2019 年度收入费用表同单元二表 7－2－4。

2. 某事业单位 2019 年度预算收入支出表同单元五表 7－5－2。

3. 本年度接受非货币性资产捐赠确认的收入有 3 000 元，偿还借款本息支出了 5 000 元，收到应收、预收账款确认的预算收入 9 000 元，发出存货、政府储备物资等确认的费用有 14 500 元，确认的资产处置费用有 5 000 元。

4. 根据以上资料及说明，编制本年盈余与预算结余差异情况表（见表 7－8－1）。

表 7－8－1　　某事业单位 2019 年本年盈余与预算结余的差异情况说明

项　　目	金额（元）
一、本年预算结余（本年预算收支差额）	
二、差异调节	
（一）主要事项的差异	
加：1. 当期确认为收入但没有确认为预算收入	
（1）应收款项、预收账款确认的收入	
（2）接受非货币性资产捐赠确认的收入	
2. 当期确认为预算支出但没有确认为费用	
（1）支付应付款项、预付账款的支出	
（2）为取得存货、政府储备物资等计入物资成本的支出	
（3）为购建固定资产等的资本性支出	
（4）偿还借款本息支出	
减：1. 当期确认为预算收入但没有确认为收入	
（1）收到应收款项、预收账款确认的预算收入	
（2）取得借款确认的预算收入	
2. 当期确认为费用但没有确认为预算支出	
（1）发出存货、政府储备物资等确认的费用	
（2）计提的折旧费用和摊销费用	
（3）确认的资产处置费用（处置资产价值）	
（4）应付款项、预付账款确认的费用	
（二）其他事项的差异	
三、本年盈余（本年收入与费用的差额）	

图书在版编目（CIP）数据

政府单位会计单元实训手册/李启明，李迎主编．—2版．—北京：中国人民大学出版社，2018.8
21世纪高职高专会计类专业课程改革规划教材
ISBN 978-7-300-25994-9

Ⅰ.①政… Ⅱ.①李… ②李… Ⅲ.①单位预算会计-高等职业教育-教材 Ⅳ.①F810.6

中国版本图书馆CIP数据核字（2018）第153785号

“十二五”职业教育国家规划教材
21世纪高职高专会计类专业课程改革规划教材
政府单位会计单元实训手册（第二版）
主　编　李启明　李　迎
参　编　童　莹　李君梅　刘金鹿
Zhengfu Danwei Kuaiji Danyuan Shixun Shouce

出版发行	中国人民大学出版社		
社　　址	北京中关村大街31号	邮政编码	100080
电　　话	010－62511242（总编室）		010－62511770（质管部）
	010－82501766（邮购部）		010－62514148（门市部）
	010－62515195（发行公司）		010－62515275（盗版举报）
网　　址	http://www.crup.com.cn		
	http://www.ttrnet.com(人大教研网)		
经　　销	新华书店		
印　　刷	北京东君印刷有限公司	版　　次	2015年9月第1版
规　　格	185 mm×260 mm　16开本		2018年8月第2版
印　　张	8.5	印　　次	2018年8月第1次印刷
字　　数	164 000	定　　价	25.00元